행복한 가정의 사랑이야기

목회의 길을 묻다

■ 1972년도 현충사 충의문

교구장 회의가 끝난후에

12,000명 전주실내 체육관에서

■ 월간지 싸인 하시면서

■ 1985년 전북교구

■ 1986년 중앙수련소 강의

■ 1984년 전주교회

■ 1976년 영주교회

■ 1981년 협회본부교회

행복한 가정의 사랑이야기

목회의 길을 묻다

나영호 교구장 회고록

국학자료원

꽃은 지고
인생은 떠난다

인생 70이란 말은 두보(杜甫)의 곡강 시(曲江 時)에서 연유된 말이다. 인생칠십고래희(人生七十古來稀) 천화협접심심견(穿花蛺蝶深深見)/……. 지금에 와서 칠십생(七十生)을 말하는 것이 시의적 절치가 않은 것 같다. 환언한다면 인생 100세 고래희(古來稀) 라야 맞겠다 싶다.

1985년 신문로 공관에 교구장 회의가 있어 마친 후 홍순애 할머님을 찾아뵈었다. 공관 안방에서 책을 보시고 계셔서 조심스레 문을 열고 인사를 드리니 웃으시며 나를 보고 계셨다. "할머님 안녕하세요?" 하며 준비했던 조그만 선물을 드리니 웃으시며 "어디에 있어요?"하고 물으셨다. "전북교구장 입니다." 말씀드리니 빙그레 웃으시며 들어와 앉으라고 환대해 주셨던 기억이 난다.

얼마 전 참어머님 독생녀께서 펴내신『인류의 눈물을 닦아주는 평화의 어머니』라는 자서전을 읽었다. 글 중에 홍순애 할머님이 어릴 적 조원모 어머님 등에 업혀 3·1 독립만세운동을 하셨던 내용이 나온다. 민족적 구국운동은 조원모, 홍순애, 한학자 어머님 3대로 이어지는 애국충정이 하늘나라 창건을 위한 소명이며 독생녀 탄생을 알리는 서막의 장이라 생각한다. 독생녀 참어머님의 탄생은 이전부터 하늘의 천명으로 예비 되어진 역사적 사건임은 분명하다.

"온갖 시험과 고난이 소용돌이 치는 차가운 현실 앞에서 나는 마치 거친 바다에 떠 있는 작은 돛단배와 같았습니다."라는 말씀처럼 '하늘의 소명을 받들어 나오시며 세상의 고난들이 얼마나 힘들고 어려우셨을까?' 하는 생각이 든다. 하늘의 원리말씀을 땅끝까지 전파하고자 하셨던 모습들이 새록새록 생각이 난다.

그리고 조금이라도 망각이란 친구가 오기 전에 펜을 잡아야겠다는 일념으로 회고록을 쓰기에 이르렀다. 어쨌든 종전(從前)에 선배들이 해왔듯이 나도 묻혀서 한 페이지 정리 한다는 뜻과 내일 일을 장담 못한다는 소심증이 있다.

지나온 70여생을 걸어오면서 유년시절은 잘 모르겠으나 좀 센 편의 고집이 있었던 것 같다. 초등학교 시절 산과 들, 논밭을 자주 오가며 무엇이든 신기한 눈으로 감수성을 발휘하였다. 산새들이 둥지에서 푸드덕 날아오르는 모습, 산딸기를 따 먹고 자연의 경이로운 이치에 놀라며 개울에서 가재를 잡아 냄비에 끓이면 빨갛게 변하는 이유를 몰라 고민을 하기도 했다. 성장하면서 인생과 우주 그리고 광대무변한 다차원 형이상학(形而上學)의 원리세계를 접하고 신 도로(新 道路)를 걷게 되었다.

글을 쓰려 하면서 목회 25년 중심의 설교 담론을 70년대 전후의 내용으로 쓰려 하였다. 재사고(再思考) 끝에 회고와 수상으로 제명(題名)을 바꾸어 달기로 하였으나 출판기획 측면에서 총 3부로 구성하여 출판 하기로 하였다. 제1부는『목회의 길을 묻다』, 제2부는『내 영혼의 사랑이야기』, 제3부는『순례자의 길』이라는 제호로 결정하였다.

나는 이 글을 쓰면서 자신을 되돌아 보았다.

누군가가 재미있게 읽을거리가 되나? 나는 대체 어떤 사람인가? 선비인가? 성공한 사람인가? 적어도 자신에게만이라도 확신에 찬 주장 거리가 있는가? 그리고 누가 읽을 것인가? 그러다 나와 유관한 친인(親姻)이나 자손(子孫)이 읽으면 족하겠다고 마음을 정했다.

"꽃이 지고 사람이 떠나면 인생을 음미할 줄 아는 사람만이 그 의미를 부여한다. 희망과 꿈은 아직도 꾸어야 하는가? 꽃이 피어나는 것처럼 사람이 태어나는 것은 모두 기뻐한다."

무상(無常)이란 인구(人口)의 회자(膾炙)가 생을 소유한 자의 피(避)할 수 없는 운명인 듯하나, 이제 그 무상(無常)을 뛰어넘어 살고 싶다. 이제 여생(餘生)은 하루를 천년 같이 주어진 삶의 영역에서 크게는 사회, 작게는 처와 자손에게 하찮은 일이라도 보람을 남기면서 살고 싶은 소망이 나의 전심(全心)이다.

그리고 애모하는 부모님께 바친다.

洛山亭에서

孝齊 영호 2020. 5. 8

"인생무상을 뛰어넘고 살다는 경지"에 도달

世界基督教統一神靈協會
超教派 基督教 協會
協會長 李載錫

제 나이 88세가 되었습니다.

자기(自己) 일생을 돌아보아야 할 때에 나영호 회장의 회고와 수상록(回顧隨想錄)을 읽었습니다.

40년 전 한국협회장 시절 나영호 군이 협회 총무부장 직(職)을 맡아 함께 청파동 1가 71-3번지 전(前)본부교회 한 울타리 안에서 살았었습니다. 그 시절(時節)을 회상해 보면 정신(精神)없이 뛰었다고 생각이 납니다.

수도권 복귀(復歸)라는 절체(絶體)절명(絶命)한 천명(天命)을 받고 혼신(混身)을 다해 직책(職責)수행(修行)에 전념(專念) 하였습니다. 지근(至近)에 있었음에도 속사정을 깊게 몰랐으나 회고록을 보고 나회장이 다재능(多才能)하고 열정적(熱情的) 이라는 것을 알게 되었습니다.

회고를 통하여 전혀 다른 모습을 발견(發見) 할 수 있었습니다. 문장서술이 매우 문학적(文學的)이고 시적(詩的)이었으며 자식(子息) 교육에서 정지의(情知意)철학을 기본(基本)으로 철저(徹底)히 가르친 사람이었습니다.

1965년 입교하여 24년 간이나 개척시기(開拓時期) 매우 힘들었던 시대에 목회 지도자(牧會者)로 수고하였다는 것. 그리고 나이에 맞지 않게 다양(多樣)한 인생을 살았다는 것을 알 수 있었습니다.

"인생(人生) 무상(無常)을 뛰어넘고 싶다는 경지(境地)"에 도달하신 것. 인생의 고귀(高貴)한 가치(價値)를 각성(覺醒:awakening)하여 "하루를 천년(千年)같이 살고 싶다."라고 하였습니다.

참으로 단조(單調:dullness)로운 나의 삶과는 대조적(對照的)으로 인생의 깊이와 다양한 체험(體驗:experience)을 하며 살아 온 나회장에게 경이적(驚異的)이라는 느낌을 갖게 되었습니다.

단, 일회(一回)적인 삶을 의미심장(意味深長)하고 아름답게 생애(生涯)노정을 기록(記錄)으로 남겨 두는 것은 매우 고마운 일이라고 생각했습니다.

독자(讀者)여러분!

나회장의 『목회의 길을 묻다』를 통하여 삶의 지혜(知慧)와 깨달음을 차득(借得)하실 것입니다. 인생을 살아가시는데 큰 도움이 되실 것으로 사료(思料)됩니다.

끝으로 나영호 회장이 깨달아 온 무상(無常)을 뛰어 넘어 순간(瞬間)을 영원(永遠)히! 순간을 행복(幸福)하게! 사시기를 기원합니다.

"문일지십(聞一知十)"
하나를 듣고 열을 깨닫는다

신 한국가정연합
회장 이 기 성

겨울이 지나고 온 천지(天地)가 봄을 맞이하듯, 천일국 실체화의 놀라운 섭리가 펼쳐질 2020년이 도래(到來)하였습니다.

새 하늘 새 땅의 봉오리가 피어나는 출발(出發)선상에, 나영호 회장님께서는 귀하게 길러온 화초(Flowering plant) 처럼 준비한 자서전을 출간(出刊)하셨습니다. 나 회장님은 1965년 입교 이후 한국협회 총무국장, 전북교구장, 중앙 수련소장을 역임(歷任)하셨으며, 여러 원리/승공(勝共) 강연에서 참 부모님의 말씀을 전파하는 데에 일조(一條)해 오셨습니다.

논어(論語) 공야장 편(編)의 "회야 문일이 지십(回也 聞一以知十) -안회는 하나를 듣고 열을 안다"는 글처럼, 나 회장님의 원리와 통일사상을 통한 세상 이치의 독해(讀解)는 그 심도(心度)가 깊고 어긋남이 없습니다. 필시(必是) 폭넓은 교양이 쌓일수록 더욱 강한 원리에 대한 깨달음으로 이어졌을 것입니다. 자서전에 언급되고 있는 "나의 생애 크고 작은 일들은 은사(恩賜)와 시련의 연속(連續)상영(上映)이었습니다." 그 속에서도, 생활화된 원리 신앙으로 어느 범사(凡事) 하나 감사하지 않은 것도 전념(專念) 하지 않은 것도 없어 보입니다. 이런 순종(順從)하고 실천하는 태도(態度)로, 환고향 총동원 섭리에 따른 고난과 역경(逆境)을 나회장님 특유의 긍정적(肯定的) 신심(信心)으로 이겨낸 줄 압니다.

참사랑·참생명·참혈통을 상속하고자 자녀들을 가르침에 회장님의 근면함은 그치지 않고 소임(所任)을 다하여, 3대에 이르는, 4남매 아홉 손주가 모두 뜻 앞에 순종하는 통일가정의 본보기가 되어 주었습니다. 신(神)종족 메시아가 종족을 넘어 신국가, 신대륙, 신천주의 섭리적 완성을 향해 가는 신세계(新世界)안착(安着)섭리에 있어서, 우리는 환국을 위하여 뻗어나갔던 환고향 섭리와 그 각각의 심정을 잊어서는 안 될 것입니다.

'중단 없는 전진(前進)'이라는 하늘의 사명 아래 각 가정과 그

삶의 터전에서 승리가 모여야만이 진정한 천일국(天一國) 안착이 도래할 것이기 때문입니다.

나영호 회장님과 같이 각자 삶의 터전에서 노고(勞苦)를 다하고 있는 많은 식구분들에게 응원(aid)과 격려(encouragement)를 보냅니다. 또한 참부모님의 '자서전(自敍傳)을 남기라'는 말씀을 받들어, 후배들의 신앙(信仰)지침서(指針書)로서 활용될 이 자서전을 출간해 주신 나영호(羅永鎬) 회장님께 심심(深心)한 감사(感謝)를 드립니다. 우리는 지금 섭리의 황금(黃金)기를 살아가고 있습니다. "하늘부모님 아래 인류(人類) 한 가족" 이란 성업(聖業 Holy work)을 이루어 드리기 위한 "사생(死生)결단, 전력투구, 실천궁행(實踐躬行)"으로 총 진군(進軍)하여주실 것을 주창(主唱)하며 축원(祝願)드립니다.

하늘 부모님께 "영광과 감사"

충남지구장

홍 종 복(洪鐘福)

먼저 하늘부모님께 영광(榮光)과 감사(感謝)를 올립니다. 本人이 충남지구장으로 재직하고 있을 때가 어언 50여 년 전 이었습니다. 제 나이도 세월 따라 팔순(八旬)을 훨~씬 넘었습니다.

한 달 전 나영호 군으로 부터 회고(回顧)록을 쓰고 있다면서 추천의 글을 꼭 써주셔야 저서(著書)가 빛날 것이라고 수(數)차 찾아와 부탁을 해서 처음으로 써 봅니다.

1965년 10월 10일 원리강연회에 대학생으로 이병규군의 인도로 참석하여 큰 감동(Impression)을 받고 신앙생활을 시작하여 그 때부터 4년여를 지켜보았습니다. 성실하고 투철한 희생봉사 생활을 하는 청년으로 판단하고 1968년 말(末)초 협회에 공직자로 상신(上申)하여 지역장으로 발탁(Selection)하고, 지구 전도부장, 학생부장으로 시무하였습니다. 특히 지구 수련회 원리강의를 전담 할 정도로 원리실력을 갖추었으며, 타고난 성대(聲帶)가 청중을 감동케 하는 장래가 촉망(矚望) 되는 청년 지도자였습니다.

어언 50년이 지나 회고 수상록(隨想錄)을 저술함에 읽어보았습니다. 그 옛날이 주마등(走馬燈)처럼 새록새록 살아나와 본인도 그 시절의 청년감(青年感)을 되찾게 되었습니다.

본인이 떠나온 다음해인 70년도 나군(君)은 이요한 목사님을 면담하러 5시간 기차를 타고 만나 뵈어 "목회(牧會)는 어떻게 잘 할 수 있습니까?" 물었으나 신통(神通)한 답을 듣지 못하고 5시간을 되돌아오며 시름에 빠졌다는 사연(事緣)을 읽었습니다. 그러나 좌절하지 않고 자기 자신을 끊임없이 단련하고 또 단련하여 1년이 넘는 인고의 시절을 신학(神學)과 목회(牧會)학 공부를 위해 밤을 새며 독학(獨學)했다는 글에 나는 눈물을 흘렸습니다. '역시 18세의 나영호 군이 70대(代)가 되도록 이렇게 훌륭하게 성장하였구나!' 새삼 느끼고 하늘 앞에 감사 기도를 드렸습니다.

그리고 나군의 가문이 효자(孝子)의 3代에 8효자가 나온 가문임을 알고 더욱 바른 인생을 타고난 것을 알게 되었습니다.

처음 본 그 앳된 얼굴과 첫 악수(握手) 할 때의 좋은 느낌을 지금도 만나면 담론(談論)할 때, 느껴지는 후배(後輩)를 널리 자랑하고 싶습니다. 협회(協會)에서 요직(要職)을 두루두루 봉직하며 하늘 앞에 영광을 돌려드리고, 식구들 목양(牧養)에 열성(熱誠)을 다한 노고를 치하(致賀)하지 않을 수 없습니다.

끝으로 이런 아름다운 인생 여정을 담은 자서전(autobiography)을 감상(感想) 할 수 있게 되어서 대단히 기쁘게 생각합니다. 다시 한 번 나군(羅君)의 자서전 출간을 진심으로 축하합니다. 또한 하늘 부모님께 큰 영광(榮光)과 찬양(讚揚)을 드립니다.

溫和한 餘韻을 "남겨주는 사람"

서울대 명예교수
과학기술 한림원 종신회원
羅 亨 用

먼저 효제의 자서전 출간을 진심으로 축하합니다.

효제를 처음 만난 것은 15년 전 나주나씨 중앙종친회 상임이사회 석상에서 종친소식지 원고를 부탁할 때였으며 그 후에도 여전이 종친회 발전을 위해 사무총장으로서 헌신적 활동을 하던 모습을 보아왔습니다. 그런데 그 바쁜 와중(渦中)에 방대한 원고를 탈고(脫稿) 편집하여 효제 자서전을 출간하였습니다. 이러한 대역사(大役事)를 이룰 수 있게 된 것은 그동안 효제가 안보(安保)및 정신교육의 지도자로 15년 간의 강사(講師) 활동, 기도하는 신앙자로서의 목회(牧會)활동, 종친회 사무총장으로서 3000여 회원의 위선(爲先) 돈목(敦睦) 선양(宣揚)사업 등 많은 활동을 끊임없이 완수하신 분이었기에 가능하였으리라 생각됩니다.

효제 자서전은 다양(多樣)한 인생 경험(經驗)과 깊은 학식 그리고 사색(思索)의 산물(產物)임을 알 수 있습니다.

효제는 효(孝)가문에서 태어난 또 한 분의 효자임을 다음의 글에서 엿 볼 수 있었습니다.

"어머님을 여의고 산소에서 동네로 내려와 골목에 앉아 눈물을 훌적이며 울고 있었다. 어머니가 걸어 다녔을 마을 어귀에 정취를 못잊어 하염없이 복 받치는 감정을 억누르지 못하고 계속 울었다."라고 하는 사연에서 모두 감정(感情)이 북 받쳤을 것입니다. 효제(孝齊)는 문장(文章) 서술(敍述) 능력이나 웅변으로 손에 주먹을 불끈 쥐게도 하고 어느 때는 눈을 지그시 감고 감상(感想)에 젖게도 하는 마력(魔力)이 있는 것 같습니다. 대단히 의미(意味) 있는 인생 파노라마를 보아서 오랫동안 마음의 한 곳에 자리할 것 같습니다.

나는 공학도(工學徒)로서 한국(韓國)의 종(Korean bell) 제작(制作)에 오랜 기간 참여(參與)해 왔었는데, 어느 날 효제가 찾아오더니"회장님 신라 에밀레종(鐘)에 어린아이를 녹여서 만들었기에 맑고 우아(優雅)한 그리고 구슬프기 까지 한? 소리가 나느냐고" 물어서 여러 시간 대화(對話)를 나눈 적이 있었습니다.

이때 한국 종의 음향과 제작 기법에 대하여 설명하였더니 흥미(興味)가 있으셨는지 한국 종에 관하여 이것저것 질문하시는 바람에 실제 종사(宗事) 이야기는 몇 분여만 나누고 헤어졌습니다.

이와 같이 효제는 문장서술이든 강연이든 어느 한 문제를 만나게 되면 끝까지 해결을 위해 노력과 집중(集中)을 다하는 성품의 소유자임을 알 수 있었습니다. 이는 아마도 효제가 오랜기간 강연(講演)과 수많은 사람들과의 심정(心情)적 관계(關係)를 통해서 형성된 성품이 아닌가 사료(思料)됩니다.

효제의 은사(恩賜)와 시련(試鍊)의 인생을 고백(告白)하는 자서전 속에서 효제의 삶의 역정(歷程)과 지근(至近)에서 본 나의 느낌을 일서(一書)하며 인물 평전에 가름합니다.

Portrait. Hyo jae
Na young Ho

The Korean Presbyterian church in USA

President: East Westpeace culture Group President

David Dong Hua Phd

Congratulations on Ms Hyo Jae's Review and publication I have left Korea for over 40 years.

When you think of a teacher the first thing you think of is clear and clean eyes and fine skin. Next intelligent and intelligent atmosphere makes you feel like you're having a hard time speaking. However, if you look at it. Your like a teacher who wants to stay with you for a long time Like that new product, I lived in the process of half a century ago and felt clean and clean.

I felt soaked many moments I read the memoir as if I was looking for the flow by shining my self in front of the mirror.

55years had never been a short time. He was obedient and loyal to his many textures. I think you've accumulated such brilliant and proud results. I think you've done a proud and proud track record so my heart Can't erase the same feeling. I want to be able to run even the heroic chief. Who has gone beyond the dictionary and returned from the fight.

How easy is it to create something out of nothing I could glimpse the persecution and sneering rights, and I could see the teacher's religious. Personalities that would have been ashamed of victory. I had a chance to be together in Jeon joo for a while I regret that there was no special counseling or deep conversation because I was so nervous about the goals of each other's activities. I think it's worth leaving you ashamed, because of that responsibility. That is because your loyalty to heavens is the result of your church today.

I believe that the autobiography of the teacher that will be proud of will be a compass that will open the horizons of the lives of the eternal generation.

I've forgotten what to say after reaching !!

You worked hard You have lived well Heartiest Congratulations

I want you to walk with me....

차 례

제2부 목회란 무엇인가?

제3부 천명(天命)의 길에서

제6부 행복한 가정을 탐구하다

제7부 나의 목회 나의 설교

부록

제1부
어린시절과
개척전도

'나는 하나님을 보았습니다.'

출생과 유소년시절

1948년 무자년(戊子年) 5월 8일 새벽부터 10여 명이 논에서 벼의 모를 찌고 한쪽에선 큰 소가 써레질을 하는 등 분주하였다. 10시에 새참을 먹기 위해 마당으로 일꾼들이 들어와 마루에 걸터앉을 때 사랑채에서 어머니는 나를 낳으시려고 진통을 한참 하시다 출산을 하였다.

나는 5남매(3남 2녀) 중 막내로 태어나서 젖과 죽을 먹으며 무럭무럭 자랐다. 보릿고개를 잘 모르고 살았으며 초등학교 시절에는 항상 성적이 우수하여 우등상을 타고 반에서 1~2등(55명 중)을 하고 반장은 계속하였다.

아버님은 수시로 3남 형제들에게 훈계를 하셨는데, 형제 우애를 많이 말씀하셨고, 특히 큰 형은 부모 대신이라 하셨다. 또 효행은 으뜸이 되는 행실의 하나이다. 그리고 사람은 가려서(선과 악) 교제를 하고, 성실한 사귐을 힘줘서 말씀하셨다. 효행의 예를

들어 말씀하셨는데, "부모님 베는 베개를 발로 밟거나 넘어 다니면 안 된다." 하시기도 했다. 간난 아기라도 머리를 훌쩍 넘어다니는 행동은 아주 호되게 주의를 주셨다.

나주 나문(羅門)〈3代 8효자·3代 8정〉

38년 전 1983년도 가을걷이 일들이 끝났을 때 김제교회를 순회하고 돌아오다가 김제시 신월리 나씨 집성촌에 들렀다. '진'자 '혁'자 쓰시는 어른을 찾아뵙고 종회 등 서울 연락처를 알게 되었다. 그 후 3년 후 서울로 와서 중앙 수련소장을 할 때 전화로 여러 번 물었으나 불통되어 잊고 있었다. 15년이 지난 2000년도 쯤 연수(식구며 종친) 님을 통해서 서울 중앙종친회 소개를 받았다. 회의 때(時) 논현동 회관에 나가게 되고 상임이사를 하며 지금까지 왔다. 2016년 3월 24일 정기총회에서 사무총장직을 선임 받고 종사 전부(全般)을 보게 되었다. 4월 19일에서 22일까지 시조 및 5대 파조 시제를 다녀오게 되었다.

나주 나씨 한국의 시조를 살펴보면 고려 중엽 1127년에 '부(富)'자 쓰시는 할아버지가 송나라 사신 일행으로 오셨다. 그 후 귀국

하려 하였으나 외세(요·금·원)의 잦은 침략으로 본국은 망국의 길로 들어서고 후에 남송이 세워졌으나(남송마저 멸망) 결국 귀국을 하지 못하시고 나주 발라현에 세거(世居)하시게 되었다.

후에 자손이 번성하고 특히 4세 진사 수영 공께서 다섯아들(子: 위, 계, 석, 세, 원)을 두셨는데 모두 일취월장하여 5대 파조를 이루었다.

장자 위(位)는 전서 벼슬을 하여 전서공 파조로, 이북 용강 성천에 세거, 후손으로는 3·1 독립운동 33인 중 용환, 인협), 그리고 나운규(아리랑 제작연출) 2자 계(桂)는 시랑 벼슬을 하여 시랑공파라 부르고 강화도에 세거, 후손들은 교육자들이 많이 배출되었다.

3자 석(錫)은 군(君) 칭호를 받은 분으로 자손 중에 6세 중우 지제고를 지낸 후 낙향하여 있을 때 고려가 조선으로 변혁되었다. 조선의 태조 이성계가 우의정으로 3번이나 부르셨으나 "충신(忠臣)은 불사이군(不事二君)"이라 하며 응하지 않았다. 10세에 안세, 안인, 안의 등 3세 8효자가 탄생한다. 아우 병우는 병조판서를 지내셨다. 17, 18, 19세에 득강공 후손에서 또 8효자가 나오셨다. 나용균 국회부의장, 나중소 나비장군, 화가 나벽천 공 등이 계셨다.

뿌리공원 유래비 제막식

4자 세(世) 는 고려의 충신으로 전라도 상원수, 해도원수로서 심덕부, 최무선 등을 휘하 장수로 왜선 500척을 격파하셨다.(진포 대첩 서천 일대에 세거)

5자 원(源)은 사온서 직장을 지내시어 직장 공 파조가 되었는데 후손 중 7세 나성군, 13세 금호공의 자손 3대에 2충 2효 4열녀(8정)가 탄생하셨다. 이중 충신 덕헌공은 정조대왕으로 부터 충렬이란 시호 교지와 부조묘(不祧廟) 은전을 받으셨다. 이상 간략하게 줄인다.

나문(羅門) 금산 종중

금양군파 금산 종중(錦陽君派 錦山宗中)은 대전에서 25km 남쪽에 있는 추부를 지나 서대산(西大山 904m)에서 남향으로 금산군 군북면 헌대리에 나씨(羅氏) 집성촌이 400년간 자리 잡고, 자손들이 세거(世居)하고 있다. 입향조(入鄕祖)이신 12세 휘(諱) 구룡(九龍)〈예서, 성리학자〉 조(祖)께서 임진난(壬辰亂)시 김제 고향을 뒤로 내륙(內陸) 산중으로 피난 이주(移住)하신 후로 물난리 산사태 재난 등이 한 번도 오지 않은 안락(安樂)의 보금자리이다. 문명의 혜택은 늦게 찾아왔지만, 우물과 정자가 그리고 산천초목이 조화롭게 어우러져 옛날을 생각하면 그립기만 하다.

일찍 인삼을 경작하여 전국 제일의 부군(富郡)이라 대학(大學) 진출도 50~60년대에는 대단히 많았다. 앞에는 국사봉 준령, 뒤에

는 성퉁산 준령, 북으로는 서대산(충남 최고산 904m)이 우람하게 헌대리를 지키고 있다. 구룡 할아버지는 명종 을축년 10월생이시며 예서 성리학(性理學)을 심구(深究)하고 공명과 영달을 불구(不拘) 자오임천(子娛林泉)하여 덕망(德望)을 기르니 세상에 존경을 받고 도천(道薦)에 올랐으나 임진년난(壬辰年亂)을 피해 금산에 이거 하셨다. 조부 안국(安國)은 위로 두 형님(아세, 안인)과 동생(안의)이 효자(孝子)였고 공(公)은 한양에서 벼슬 통덕랑에 오르시었다.

자손 중 16세 휘 진위 진창 형제와 숙질 17세 후명이 향병(鄕兵) 수백인(數百人)을 거느리고 책독(策篤)하여 올라가서 해은 부원군 오명항과 풍능군 조문명으로 더불어 영조 무신(戊申)년에 일어난 이인좌의 난 역당(逆黨)을 도끼로 진압하니 영조 대왕께서 심히 사랑하사 큰 공을 특사(特賜)하시고 양무원종공신(揚武原從功臣)교지를 하사하셨고 통덕랑 장사랑을 더 내리셨으며 병조참의도 내리셨다. 〈이인좌(李麟佐)의 난(亂) 진압유공(鎭壓有功)〉

그리고 공(公)이 창의(倡義) 당시 청년들을 거느렸던 나씨 세장지(世葬地)인 화전산(花田山)을 솔청산(率靑山)이라고 왕명(王命)으로 개칭(改稱)해주셨다.

후손들은 공신의 후예로 통칭 통정대부(휘, 찬성, 명강, 영용) 절충장군 첨지 중추부사(홍의) 영릉참봉(영문) 충훈부도사(한현) 통정대부 겸 통덕랑(홍식) 무과 선략장군(상동) 통정대부돈 영부 도정(홍권) 하선대부 의금부 도사(승동) 무과선달(영추) 원릉참봉 석판 임관(태환) 동몽교관(치현) 하선대부 호조참판(근동) 통정대부 동지중추부사(영하) 무과선달 통정대부 행첨지 중추부사 겸 오위장(일현) 그리고 현대에 와선 군 지휘관, 행정공무원, 병원장, 자영 사업가 등이 사회에 공헌하고 있다.

헌대리 마을은 나가 집성촌(羅家 集姓村)이다. 40여 호 세대가 거의 나씨이며 14대를 이어 살아왔다. 부친 나세창(1914~1970)은 장손 家로서 4대째 독자로 내려왔다. 강시단(姜時丹:진주 강씨 1912년생) 아내를 맞이하여 5남매(중 3남)를 낳으셨으니 집안에서는 이보다 큰 광영(光榮)은 없었다. 면내(面內) 다수의 전답을 경작(耕作)하시므로 매일 집안엔 인부와 아주머니들이 버글버글하였던 기억이 있다. 천수답(天水畓:비가 와야 농사를 짓는 땅)이 많은 산골 지역에서 춘궁기(春窮期:보리 고개 라고 말하는 3~4월 곡식이 떨어져 굶는 기간)를 넘기기 어려운 시절도 당시엔 자주 있었다. 19살에 상속자가 되어 대농을 경작하시며 금산 邑(읍)에 지금의 대형슈퍼를 운영도 하셨다. 6세 때인가 치아가 아파 아버지의 손을 잡고 금산 읍내에 치과에서 치료하고 옆에 있는 삼신약국(제약사도 겸)에 들러 친지 분이라 인사드렸더니 약과, 과자 등 한 다발 가지고 돌아온 기억이 새롭다.

학창시절

군북국민학교에 55명이 입학하여 첫날 학교에 가니 학교는 일정 때부터 쓰던 일자(一字)집, 긴 나무 송판으로 짓고 바닥엔 나무 광이 구멍으로 찬바람이 불어 나왔다. 장작 난로를 때지만 온 교실을 덥히기엔 한참 부족하여 추워 떨면서 공부를 하였다. 10여 세 때로 기억되는 한여름 발이봉 골짜기 물가 바위에 서서, 굽어 내려다보이는 산천 만물을 호령하듯 웅변 아닌 소리를 쳐 대면 속이 뻥 뚫리는 듯 시원한 맛은 그 무엇에 견줄 수 없다. 그리곤 산천(山川) 수로 목욕하면 하늘로 날아갈 듯한 기분은 묘하게 맛있었다.

5학년 때 황추성 선생님

선생님이 부임하셨다. 반장을 하고 있었는데 어느 여름날 교무실로 부르셔서 가보니 풍금을 치시며 마이크 앞에서 "고향 땅이 여기서~"를 부르라고 했다. 처음으로 마이크를 잡고 노래를 부르게 되었다. 하교 후에 집에 돌아와 보니 아버님께서 "영호야 네 목소리 들었다."라며 놀라워하셨다. 아마 스피커를 통해 운동장 앞 시장에도 들린 모양이었다.

아버님은 애주가(愛酒家)셨는데 취하게 드신 적은 없고 계절마다 염소와 개를 한 마리씩 잡아 고기를 말려서 온 식구에게 먹게 하신 것이 기억에 남는다. 인삼(人蔘) 농사도 마을에서 먼저 작농해서 실컷 먹을 수 있었으며 배나무, 복숭아 등 과수원도 전주 농촌진흥원에 교육을 이수하신 후에 면(面)에서 제일 먼저 작농하셨다. 중학교 다닐 땐 배·복숭아를 따서 학교에 가지고 가면 인기가 매우 좋았었다. 새벽 무렵에 과수원에 가면 여우 울음소리를 들을 수 있었으며, 눈이 온 겨울에는 싸리나무 빗자루로 꿩, 참새 사냥도 성퉁산에 오르내리며 하였다.

그리고 겨울 농한기엔 우리 마을 헌대리와 건넛마을 천을리 마을 청소년들이 돌 횃불을 던지는 패싸움도 왕왕 하고 쫓고 쫓기는 놀이를 하며 겨우내 지내곤 했었다.

한여름 동구 밖과 우물가 큰 정자나무(5~80m 높이) 아름드리 나뭇가지에 굵은 새끼 그네를 매달아 타며 더위를 식히고 낮잠을 늘어지게 잤던 시절은 다시 오기 어렵게 되었다. 서대산(904m)에서 흘러내리는 물줄기를 따라 내가 가로질러 흐르는데 여름철 장마가 지면 내를 건널 수 없어 결석하였으며 물이 빠지면 그 냇물에서 목욕하며 피라미 중택이 새우등을 잡아 매운탕 조림구이 해 먹던 시절을 지금은 상상으로만 해본다. 혁명이 시작된 지 얼마 되지 않아 혁명공약 외우기 등 급변하는 사회 변화를 보며 나라는 사회와 경제, 정치면에서 안정과 활기를 찾아 발전하는 모습을 눈으로 보았다. 3년을 지내며 화폐개혁 등 농촌사회가 새마을 운동 등으로 변화하는 모습을 실감하였다.

황추성 선생님, 친구들 면면 정겹고 다 기록하고픈 충동이 들지만 아쉽다. 존경하던 김영우 교장 선생님, 전월선 선생님, 김홍전 선생님, 황추성 선생님…. 그리고 친구들 다 기억은 못하지만 육동근, 황인순, 지귀안, 김병기, 황규선, 김자영, 박찬혁 그리고 소개한 친구들 모두 강건하고 행복하게 잘 살았을 것으로 믿어본다. 어릴 적 친구들을 뒤로하고, 1961 3.1 금산동 중학교에 입학했다. 당시 교우 중에 6명만 진학했다. 이 학교는 매형과 형님께서 다니신 학교로 전통이 깊은 학교이다. 새벽에 누이가 밥을 해주면 먹고 싸주는 도시락을 책가방 속에 넣으면 무거워 어깨가 빠근하게 아팠다.

20리 넘는 통학 길엔 산 고개를 '이르릇 고개'라고 불렀는데 이른 명이 함께 넘어야 무섭지 않다는 산 고개여서 그렇게 불렀다. 먼지 풀풀 나는 신작로 길을 따라 학교에 당도하면 거의 지각은 도맡아서 했다. 그래도 일찍 하교하는 날엔 산딸기 따 먹고, 골짜기 웅덩이에 풍덩 빠져 목욕하던 옛 추억은 억 만금을 주고도 살 수 없는 추억이다.

그리고 대학은 1964년 3월 (현)우송대학교 전신(前身) 농학과에 입학했다. 금산에서 3년 통학기간 중, 자전거로 1년 정도 통학

을 하고, 읍에서 자취 생활 1년 정도 하고 누나 집과 고모 할머님 댁에서 1년을 보내다 보니 학업을 온전히 잘하기가 매우 어려웠다. 시골 학교는 교육 자립이 안 되어 있어서 도시 학교와 질적 양적으로 차등이 매우 컸다.

농학과에 입학하여 5년 과정을 공부하였다. 본래 7년을 공부해야 하지만 (고등 3년 대학 4년) 당시 혁명 정부는 전국에 5년제 주니어 칼리지 코스로 10여 개 전문대학을 만들었다. 학생들을 단기간 공부시켜 산업 현장에 신속하게 진입하게 하였으며 나는 2회 졸업을 하게 되었다.

시골 농촌에서 농사와 가업을 위해 고생하시는 부모님을 생각해 열심히 공부하다 보니 친구들도 인정하여 나를 과대표로 천거하여 선거에 나가기도 하였다.

그러나 열차로 통학하는 김영선 대표에게 수표 차이로 낙선하였으나, 좋은 경험이었다. 한·일 비준 반대 데모가 지방까지 확산 되면서 대학생들이 요동칠 때, 政府(정부)·情報(정보) 기관에서 대학생을 초청함에 참가하기도 하였다.

신앙 입문(入門)

10월의 날씨 좋은 날 오후

학교에서 돌아와 머리를 감고 발도 씻고 방에서 조용히 있는데 대문을 두드리며 '사람을 찾고 있소!'라는 소리가 들려왔다. 두 번째 두들기는 문소리에 나를 찾는 사람이 보였다. 그가 바로 이병규 형인데 당시 대전 상고 3년생이라고 소개하며 서로 초면이라 인사 나누고 이야기를 들어보니 교회 가자는 것이었다.

어느 교회냐고 물었더니 확실히는 말을 안 하고 10일부터 부흥회가 열리니 같이 참석하자고 하는 것이었다. 처음 만난 사람 청(請)을 들어줘야지 마음먹고 그럼 그날 같이 가자고 했다. 그때쯤 나는 도회지로 와서 친구도 없고 지리를 아는 곳도 별로 없고 무료하기 짝이 없었다. 그래서 교회 다니는 학생들을 보면 부럽기까지 하고 절에 부모님 손 잡고 가는 모습만 보아도(여학생들 모습은 더더욱이나) 그렇게 눈에 띄고 부러워 할 때였다.

다년간 유도 연마를 하였는데, 그 유명한 대고(大高) 체육 교사가 관장인 충무관에서 수년을 배우며 적응을 하기 시작하였다. 은근히 기다려지는 10일 오후 5시 안내하는 학생을 따라가는데 시내버스를 타고 내려서 대전 여상 옆 골목으로

20분은 간 것 같다. 교회라고 보기엔 어렵고 일본인이 살던 집 구조의 단층으로 이루어진 거실 겸 마루를 강당으로 쓰며 강연 준비를 하느라 찬송을 부르고 있었다.

“내 주를 가까이하려 함은 십자가/짐 같은 고생이나/양들아 양들아 푸른 산비탈이 험할지라도”

1시간 반이 지나 예배가 끝나고 인사하며 소감을 묻고 질문도 하고 화기애애한 모습이 좋았다.

10시쯤 집에 돌아왔다. 5일 동안 저녁 예배에 참석하고 나니 내 두 눈이 좀 떠졌다. 앞의 길이 보였다. 무엇을 할까 당시에 무덤덤하였던 일상이 확 깨어난 듯만 하였다.

그해 방학 동안 원리 수련을 받기로 생각하고 확실하게 알아봐야겠다고 결심을 세우고 성경과 원리를 공부하였다.

그해 겨울이 유난히 추웠던 것일까? 다다미 바닥에서 잠을 청하는데 이불은 담요 한 장을 반으로 접어 한쪽은 깔고 다른 쪽은 덮고 말이다. 긴 방학이 끝나며 수련도 끝나니 내 人生의 당시에 문제점은 다 해결 한 듯 보였으며 기쁘고 즐겁기 한량 없었다.

수련을 마치고 집에 갔더니

몰골이 예전과 많이 달라져 있어 어머님께서 깜짝 놀라 하셨다. 마침 입문하여 도(道)를 통하고 귀가를 하였으니 수척해 보일 수 밖에…. 안 먹고 안자고 바짝 말라있는 해골 모습과 이마가 튀어 나왔는지 두 눈이 쏙 들어갔는지 알 수 없는 모습을 어머니에게 보였으니 말이다.

그러나 나는 어느 때 보다 자세 바르고 신중하게 인사드리고 걱정하지 마시라고 하였다. 일주일이 지나서야 본 모습이 되었다.

홍종복지구장님 신앙지도(1965~69)

홍종복(洪鐘福) 충남지구장(忠南地區長)님은 키가 후리후리 크시고 눈엔 광채가 있고 영력이 높아 보이셨다. 선화동 대전교회에 다니면서 일요일 예배 전 원리강론 책을 봉독하고 난 후 설교를 듣게 되었다. 1967년 고3 동료 학생들은 졸업하고 임지 개척전도를 출발하였다. 나는 학기가 아직 2년이 남아 있어서 홍종복 지구장님을 방문하고 진로를 의논하였는데 “남은 대학 생활을 하면서 성화 학생 지도를 하라”라고 하셨다. 학생을 지도하려면 원리를 알아서 교육시켜야 하는데, 지구에서 40일간 수련을 받기는 했어도 주로 신심(信心)을 결단하려는 관점에서 성경과 원리를 접했기 때문에 남을 지도하는데 애로가 따랐다. 67~68년도 2년여 동안 원리강론을 정독·요약을 하였으며 송근식 총무부장님의 체계 있는 판서 강의를 수십 차 청강하고 방학 때엔 수련을 통해서 지도력을 연마하게 되었다.

기초·기반이 이때 다져져서 목회의 길로 가게 되었다고 할 수 있다. 그 후에도 송근식 부장님은 협회 중앙 수련소 부소장을 역임하셨는데 그때 지역장 연수가 있었다. 그때도 특별히 관심을 두시고 '모세 노정의 반석이타(磐石二打)'를 강의하게 하셨다. 아직도 바른 생활 자세와 굳은 심지(心志)로 모본(模本)을 보이시며 생생한 교육자의 심덕(心德)을 느낄 수 있는 분이다. 69년도 2월 2회 졸업하기까지 교내 생활은 일명(一名) 도인(道人)으로 통하였다. 항상 전도하고 원리를 소개하니 도를 닦는 모습으로 비추어졌을 것이며 수십 명을 교회로 인도하여 말씀을 듣게 하였다. 지금 지나서 생각해 보니 별 효과는 내지 못하였지만 그리운 친구들이다. 실제로 남을 전도하는 것은 나 자신을 성장하게 하는 계기가 되었다. 친구들 모두가 농림직 공무원으로 가고 절반은 국민학교 교직으로 가서 교장으로 정년퇴임한 친구들이 많다.

1968년도 원리연구회가 창립될 때 등록 서류를 학교에 내니 임우순 학장님이 서류를 보시곤 이 운동은 4년제 대학에서나 가능한 운동이라며 극구 말려서 포기한 적이 있었다.

개척(開拓)전도(傳道)

그해 여름 7월 20일 하계 계몽전도가 시작되어 40일간 40여 명이 충남지구에서 출발하였다. 문 선생님을 3번째 뵙고 전도에 대한 섭리 전반을 듣고 감명을 받았으며, 나는 공주 우성면 대성리로 전도를 떠났다.

1968년 7월 20일 12시경 공주교회에 도착하여 한건수 지역장님 뵙고 차를 마시며 근황을 들었다. 그리고 무작정 대성리로 가는 버스에 올랐다. 초입에 우성 국민학교가 있어서 찾아가 개척 봉사 전도 나왔습니다. '칠판 1개와 분필, 지우개를 빌려주십시오!' 하니 교장 선생님께서 친절하게 챙겨주셨다. '찾아가는 이 발길 아는 사람 하나 없는 타향을 향해 부지런히 발길을 떼어 왔건만 도대체 어느 집에 든다는 것인가?' 하며 대성리 마을에 들어섰다. 이렇게 막막할 수가 있을까! 19살 먹은 남부럽지 않게 살아온 나 씨 도령 道令이 석양에 동네 어귀에서 망연자실하다니! 이건 아닌데 아무리 궁리를 해보아도 경험 전무한 나에게 뾰족한 수(數)가 있을 리 없다. 차라리 가난하게 태어나서 남의 집 신세라도 져 본 경험이 있었으면 거지 흉내로 밥과 잠자리를 사정해 볼 텐데 말이다.

그때 '아차!' 하며 머리를 스쳤다. '내가 누군가! 하늘의 전도자요 대언자(代言者)가 아닌가!' 그런데 이런 망상을 하다니 믿음은 무엇인지? 하나님이 계시는 것은 어슴푸레한데, 그나마 자신도 잘 모르는 녀석이…. 허나 어쩌랴 내친 김 아닌가! 이제 남은 것이라고는 배짱 하나! 나는 하늘 사람이다. 어쨌든 도인 소리도 들었겠다. 어디로든지 가보자! 발길 닫는 대로, 진짜 내 정신 같은 것 뭉개버리고, 동네 안으로 무거운 발길을 한발 한발 닿는 곳으로 갔다.

20여 호라서 사실은 들어가고 말고 할 것도 없었다. 가다 보니 길이 바로 막혀 사랑채 같이 생긴 집인데 대문 겸 헛간 같은 방 하나가 붙어 있고 마당을 지나 안채가 있는 집으로 들어와 버렸다.

"아! 계십니까?" 뚝닥! 소리는 안에서 나는데 대답이 없어 좀 더 힘을 줘 "계세요?" 하니, 그때야 안에서 문이 열리며 중학생 또래 아이가 나와 마주쳤다. 어르신께 드릴 말씀이 있노라고 하니 들었는지 40세가 되어 보이는 아버지가 나와 마주 서서 바라보게 되었다.

먼저 안으로 들어가자 하시고 앞서 지나온 사랑으로 따라 들어오라 하셔서 들어가 마주 앉게 되었다. 지금 무슨 말을 해서 40일을 여기서 안주할까 생각하니 앞길이 막막했다. 그래도 입을 열어야 하니 자기소개를 하였다.

막상 말을 하려고 하니 '저는 금산 나가, 아무개로 대전에서 대학을 다니다가 진리를 접하고 전도차 나온 전도자 입니다.'라고 해야하나? 아니면 '묵묵히 믿음의 길을 걷고자 하는 학도'라고 해야 하나 보기에는 별로 믿음도 없으면서 어떻게 나오나 보고 있는 듯한 느낌이 들었다.

그 사이 15세쯤 웃어른이라 그런지 먼저 나의 행색을 자세히 살피면서 밝은 인상으로 나를 쳐다보며 무슨 말이든지 하라는 자세로 여유 있게 음미하듯 나를 빙그레 웃으면서 쳐다보고 있었다.

나는 용기를 내어 "실(實)은 하늘의 부름을 받고 농촌 계몽 겸 전도를 나왔는데, 이만한 방과 40날 묵을 수 있도록 허락을 받고자 합니다."라고 입을 열었다.

한참 고민을 하시던 그분(촌장님)은 이 마을은 작은 마을이라 회관이 따로 없으니 이곳을 쓰려면 쓸 수는 있으나 불편할 것이라는 말을 했다. 나는 감사 인사를 드리고 여장이랄 것도 없지만 미숫가루 한 봉지와 책 가지를 내려놓고 듬성듬성 역은 지푸라기 멍석자리에서 첫날밤 잠을 청했다.

밤사이 엎치락뒤치락하며 설렘에 잠을 설쳤다.

이튿날 낮에는 주인 논에서 피를 뽑고 김도 매고 오후에는 금강 가에서 멱(목욕)을 감았다. 지금 생각해보면 그때가 그렇게 상쾌할 수가 없었다. 금강의 물줄기는 무주의 구천동에서 발원하여 금산 고향 앞을 지나 대청댐(신탄진)으로 강경을 거쳐 이곳에 이른다. 결국, 한 물을 먹고 산 셈이다. 그렇게 조상 대대로 내려왔으니 남이 아니다. 밤에는 천지가 암흑가이다. 전기가 없던 시절이니 유일하게 빛을 밝히려면 호롱불이나 석유남포 燈(등)이 유일한 방법이다. 10평 될 듯한 방에 6~15세 아이들이 나의 손님으로 향토 애국의 노래로 시작하고 성경 이야기, 국사 얘기를 주로 한다.

60년대 농촌 시골길은 좁고 먼지가 나서 자동차가 지나가면 1분은 눈을 감아야 흙먼지가 가라앉는다. 공주 시내에서 읍면으로 가는 길은 거의 비포장 길이었으니 그 옛날 서당은 아니지만, 사랑채에 선생님이 오셔서 며칠씩 외우고 쓰고 했던 성현들이 떠올랐다.

맹자(孟子) 고자장(告子章)에 "천장 강대 임어사인야(天將降大任於斯人也)라, 하늘이 장차 그 사람에게 큰일을 맡기려고 하면 반드시 먼저 그 마음과 뜻(심지)을 괴롭게 하고 근육과 뼈를 깎는 고통을 주고 몸을 굶주리게 하고 생활은 빈곤에 빠뜨리고 하는 일마다 어지럽게 한다. 이것은 마음을 흔들어 참을성과 인내심을 길러 지금까지 할 수 없었던 일을 할 수 있게 하기 위함이다."

중·고생 청년들에게는 원리 강좌를 성경 중심으로 하여 하늘의 뜻을 전파하곤 하였다. 처음 만난 집 주인 아들 이은무 학생은 뜻 안에 입문(入門) 한 것이 참 감사하다.

20여 일이 지날 때 한건수 공주지역장님이 순회를 오셨다. 어떻게 지내고 있는지 궁금하셨던 모양이었다. 오셔서는 귀감이 되는 덕담을 해주시면서 공주로 나와 학생들에게 원리강의와 지도를 당부하셨다. 나는 바로 읍내로 나와 남은 기간을 마치고 대전으로 복귀하였다. 그리고 2학기부터 지구 본부에 머물며 공적 생활을 하게 되었다. 한건수 지역장님께서 후에도 깊은 충고(忠告)와 지도(指導)하여 주심은 영원히 감사드린다.

해외선교사(海外宣敎師) 파송

당시의 학교에는 취업 증명서를 내야만 취업으로 인정되며 공직자 생활을 할 수 있었는데, 홍 지구장님을 찾아가서 공적 헌신 생활을 지구본부에서 하려면 취업증명이 있어야 된다고 여쭈었더니 쾌히 "해외선교사로 파송(派送)한다."라는 증명서를 발급해 주셨다. 학교에 제출하였더니 학장님께서 깜짝 놀라셨다.

12월 20일 그날 따라 매섭게 차가운 바람이 부는 날 나는 선화동 지구본부를 나와 대전여상 옆에 있는 고서점을 들렀다. 날이 춥기도 하고 마땅히 크게 할 일이 없어 들렀는데 나를 본 책방 주인이 다가와 무턱대고 지도를 좀 보겠느냐고 하였다.

지도를 보니 6·25 동란 때 미공군의 전략 지도인데 20여장의 대형 크기의 지도였다. 담긴 내용은 주로 지역 정찰(偵察) 및 폭격(爆擊)할 때 쓰였던 것 같았다. 주인은 미군이 이제 필요 없다면서 자신보고 헐값에 사가라 해서 큰 돈을 벌 욕심으로 샀다고 했다.

나는 주인을 잘했다고 치켜 세워주면서 혹시 일본지도가 있는지 물었다. 찾아 봐야 된다며 한 권에서 오래된 전도를 펼쳤다. 펼쳐보니 동경 및 일본전도(全圖) 2000분의 1지도가 있었다. 나는 5,000원 정도

의 가격을 주고 구입하였다. 장차 일본에 파송되면 요긴하게 쓰일 것으로 보고 준비하는 셈치고 샀다. 나는 이 지도를 환고향 때까지 소장하다가 버린 적이 있다. 참 아쉬운 추억(追憶)이다.

그리고 4년여 대전교회에서 만난 분으로는 유덕상 형(성 8회) 신동국 선배(430) 이상국 강사(430) 이연훈 총무님(124) 이창원, 이병규, 고종원, 허만석, 심찬식, 김용하, 임일영, 주재덕, 우성학 이태순, 이연우 등이 생각이나고 음양으로 생활 지도를 하여주신 김영수, 이정하(430) 님께 감사드린다.

목회 공직 시작(유효원 협회장 발령)

대전교회에서 1968년 9월부터 지구본부에서 헌신생활 할 때 홍 지구장님께서 협회에 인사 상신(上申)을 하셨다. 1969년 1월 쯤 유효원 협회장님의 지역장 대리 사령장(辭令狀)이 내려와서 전도부장 학생부장을 1970년까지 하면서 지구 수련 강의 원리(原理)강사(講士)로 수련강의를 20여 회 전·후편을 하였다. 매월 1회씩 수련이 2~30여 명 안팎으로 실시(實施)하여 전·후편 14강좌를 전담(全擔)하였다. 대체로 심정과 애정이 섞인 열변이라 2시간씩 14강좌를 하면 땀이 줄줄 흘러 몸에 흘러내리고, 진이 빠질 정도였다. 목소리는 쉬어서 열흘이 지나야 가라앉고 쇳소리가 날 정도로 성대가 변한다. 지금도 목회 현장을 떠난 지 20여 년 되었어도 성대는 그때 그대로 카랑카랑해서 전화를 받는 이가 놀라곤 한다.

충남 일원에서 남녀노소 새 식구들이 수련을 받으러 대전시 원동 소재 지구본부로 와서 원리 수련을 받고 끝날 때는 강당에서 눈물을 흘리고, 어떤 수련생은 "혈서(血書)로 일편단심(一片丹心)을 써서 끝까지 우리 이 길을 함께 가자!"라고 다짐하기도 하였다. 주로 새 신자이므로 많은 정성을 쏟아야만 하였다.

조장 1명, 훈련부장 1명, 강사는 나 혼자 5박 6일을 2년 정도 하며 큰 은혜와 감동을 주고 받으며 은혜롭게 생활을 하였다.

1969년 1월 유효원 협회장님의 지역장 대리(代理 agency) 사령장을 받고 몇 개월 후, 홍종복 지구장님은 서울 서대문 지구장으로 전근 가시게 되었는데, 전도부장 생활은 은혜로운 생활이었다. 말씀이 폭포수처럼 열변을 토로하시는 홍 지구장님은 나에게 여러모로 멘토(mentor)라 할 수 있었다.

생활이 극빈한 개척시대였기에 열변을 토하는 강사들에게 달걀 한 개 먹일 수 없음은 당연하였고, 점심은 항상 새큼한 김칫국수이고 저녁은 보리밥도 감사하기 그지없는 그 시절(時節)이었다. 지구 본부는 자기 맡은 바 사업분야와 주방에서 봉사하는 다수의 식구들이 있어서 생활이 유지되었는데, 나도 수련을 안 할 때는 사업차 공기총 B~3를 학교로 회사로 찾아다니며 할부로(10

개월) 66대를 판매하였으며 판매수당은 천원씩이었다고 한다.

한번은 대전고등학교 교무실에 찾아가서 공기총으로 날아가는 새를 잡고 산으로 들로 뛰어다니면 운동이 최고라고 열변을 한참 하니 국어 선생님이 만져 보고 쏴 보더니 1대를 계약했다. 서무과 직원 등에 4자루를 판매한 경험도 있다.

나른한 봄날 아침, 부장 회의가 있었는데 부장 한 분(유)이 회의에 출타하여 회의를 불참하였는데 지구장님은 "원리 강사는 철두철미하게 생활하여야 합니다. 원리인은 아파도 결례되는 일입니다."라고 말씀하셨다. 이후 원리인의 삶은 하늘이 걱정하는 삶이구나하고 조심(操心)하며 살아왔다.

공(公)과 사(私) 그리고 깨끗한 삶 등을 다짐하게 하는 회의였다.

영국 넬슨 제독이 수많은 전쟁터를 다니면서 결국 순직하였는데, 그 사랑하는 아내와 가족에게 아름다운 유언 같은 말을 언젠가 남겼다. 지금도 기억이 생생하다. "부정한 재물은 사랑하는 가족에게 물려 줄 수는 없다. 나라를 위해 목숨을 바치기로 각오한 군인이 재물을 생각할 겨를이 어디 있겠는가! 재물이 있다면 성별된 재물만 있으며 아주 적은 재물이라도 고생하며 모았으니 긍지로 살겠다."라는 넬슨제독 부인의 글을 접하고 나의 좌우명에 청렴과 봉사를 추가 하였다. 그리고 처음으로 지구에서 4면 신문을 발행하려고 제목을 부장회의에서 공모하며 의견을 나누었다.

1시간여 지나도 결정을 못 하고 있을 때, 지구장님을 찾아가 "저. 忠南信報(충남신보)라 하면 어떻습니까?" 하니 "신 자는 무은 신자인가?" "믿을 신(信)자 입니다." 하니 지구장님은 좋다고 하시며 제호가 결정 났고 신문이 발행 되었다.

"목회란 무엇입니까?"(이요한 목사님 면담)

1970년 5월로 기억되는데 목회 공직을 출발하면서 중요한 면담을 위해 상경을 하였다. 이요한 목사님은 우리 교회에서 중요한 인물이시며 기성 신학을 공부하고 입교하셔서 전도나 목회 일선에 많은 경험과 지식이 있으셨다. 나는 목회의 공부 방향과 준비를 위해 상경하여 찾아갔다. 성북구 미아리 길음 시장 인근을 30분 물어물어 찾아서 지구를 10시쯤 찾아갔다. 나이가 드신 식구님들이 3~4명 와서 인사하고 볼일을 보고 가곤 하였다.

사무실 내에 큰 방에서 목사님을 뵙고 대전에서 온 나영호인데 지역장 발령을 받고 찾아왔다고 인사드리고 목회는 어떤 것이며 잘 할 방법이 있는지에 대해 물어보았다. 나를 유심히 보는 것도 같은데, 보이는 표정으로는 분명하지 않지만 한참 지나서

"목회 방법(方法)이 딱히 있는 것이 아니다"라고 하시곤 별말씀이 없어 한참 지나서까지 앉아서 40여 분 정도 기다리다 찾아오는 식구들이 연신 들어오고 가고해서 나는 절인사를 드리고 나와야 했다.

내심 '원리에서 말하듯이 상대 기준이 안 되어서? 아직 비법을 가르쳐 줄 때가 안돼서?' 등등 내내 버스와 기차를 타고 4~5시간 가량, 대전에 내려오면서 고민을 하였다.

결국 길은 걸어가야 하고 앞에 걸어간 이가 없다면 나름대로 길을 만들어야 한다는 데에 나의 결론은 이르렀다.

다음 날 중고서점을 갔다. 충남대 국문과를 나온 선배를 찾아가서 '내가 지금 목회자의 길을 가려고 하는데, 필요한 서적을 모아 줄 수 있냐'고 부탁을 하니 선배는 10여 권 책을 추천해 주어 구입하였다. 주로 신학과 학생도서였는데 목회학, 설교학, 신학, 조직신학, 성경 주석 2종류(유형기. 美 신학자 저) 상담심리학, 종교철학 서적 등이었다.

나는 밤마다 요약(summary) 하여 원리강론 이외로 신학공부를 6개월 정도 하고, 설교집(성화지, 한경직·강원용 목사 설교집) 등도 참고로 암기 혹은 줄거리 정리 등의 공부를 6개월 정도해서 도합 1년 정도 공부를 하고 나니 머릿속에 무언가 들어찬 것 같았다. 신학사(神學士) 졸업장은 없지만, 영적으론 자격을 갖춘 듯 뿌듯하였다.

50년 지난 지금에 와서 다시 자문(自問)하여 본다.

만약 나에게 20세쯤 돼 보이는 초면의 청년이 내가 물었던 방식의 물음을 나에게 던진다면 나는 어떻게 答(답)할 수 있을까? 나 역시 뾰족하게 비법을 '한 두 마디로 말 할 수 없겠구나' 싶다. 그리고 사람이 다 각각의 생각이 있는 것인데….

그러나 결론은 이렇다. 급한 사람이 일을 저지른다고, 내가 공부했던 1년 남짓의

고생이 마치 땅을 파면 땀을 많이 흘리게 되는 것처럼 날마다 밤을 세워 수없이 공부하였다면 어느정도 결론에 이르렀다고 생각할 것이다. 나 또한 10여 권(卷)을 요약(summary)하여 간이(簡易) 신학을 공부하였다. 여기에 내가 공부한 내용을 간추려 적어본다.

공부 내용

1972년 5월 12일 목회(牧會)학개론 요약본 일부

1) 교리를 어떻게 설교할 것인가! 소개하여 보면….

"속죄(贖罪)" {요한의 교리, 바울의 속죄론, 베드로의 속죄론을 설교한다. 교리는 변증적 설교는 어떻게 할 것인가?=겸손한 태도,=일반적 오류에 반대하는 변증(辨證)은 오류를 크게 번지게 할 우려가 있다. 그리고 대담(大膽)=만일(萬一) 오류와 싸우게 될 때 전능하신 하나님이 역사하심을 설파한다.}

2) 도덕적 설교는 어떻게 할 것인가?

진리에 대한 의무를 강조(强調)=교리(敎理)를 기초로 도덕 설교를 함. 신·구약에는 신학적 교훈과 도덕적 교훈이 풍부하다. 도덕과 종교의 상관관계 그리고 생활적 윤리, 신앙, 인간의 도덕 등을 설교한다. "의무를 느끼기 위하여 교회에 간다.(D Webste)"

마태 22:37-8 "예수께서 가라사대 네 마음을 다하고 목숨을 다하고 뜻을 다하여 주 너희 하나님을 사랑하라 하셨으니 이것이 크고 첫째 되는 계명이고, 둘째는 그와 같으니 네 이웃을 네 몸과 같이 사랑하라 하셨으니 이 두 계명이 온 율법(律法)과 선지자의 강령(綱領)이니라."

(자세한 기록은 지면 관계로 생략(省略))

〈직제명칭〉

1969년도 개척전도→교회장→지역장→지구장→협회장

1970년도 개척전도→교회장→교역장→교구장→협회장

협회구성 직원→계장→과장→부장(국장)

수련소구성 직원→과장→소장(원장)

대덕교역장(신탄진교회) 시절

1971년 1월 한파가 한창일 때 대덕교역장으로 발령받고 신탄진으로 갔는데 방 2칸(성전 한 칸) 5만원 전세로서 굴다리로 나가면 바로 길가에 있는 작은 기와 흙담 벽 집이었다.

청년 한 사람〈신명균(1800)가정〉이 교회에서 나오며 연탄 한 장을 새끼줄에 끼워서 가지고 나오면서 꺼지기 직전에 연탄불을 붙여 구들장을 데운다. '개척 전도란 이런 것인가?'하는 실감(實感)이 났다. 전임자인 이수정 선배가 고생을 하시다 연기군 교역자로 가신 뒤였다. 교회에서 부흥회를 하면 청년들 15명이 우르르 같이 나왔다가 또 조용히 같이 안 나온다. 한명을 찾아 다시 오게하려면 이런저런 반대 의견들이 분분하다.

봄이 지나며 여름일 때 3년 전도 대원을 받았다. 7명으로 조장(이문경) 사모님을 중심으로 활동부인 식구님들이 오셨다.

부인 대원들은 모두 가족을 두고 임지(任地)로 동원되어 전도 및 사회봉사를 하는데 희생과 봉사정신이 투철한 사모님들이다.

특히 김용순 (이준영 평농 사장 모친) 사모님은 앞장서서 대원들과 함께, 침례교회(200명)의 황윤모 재정 집사, 주순희, 김영숙, 은경희, 조집사, 박집사 등을 인도하는데 노력하셨다. 주로 시장 바구니를 들고 나와 교회에 들러 오전 9~11시에 원리강의를 듣고 6개월 후에 改宗(개종) 결심을 하였다.

'하나님은 계시는가! 인간의 죄는 어떻게 기인하였나. 과연 선

악과를 따먹은 것으로 온갖 죄의 근원이 되었나? 그리고 끝날의 심판, 예수님은 과연 십자가에 돌아가시기 위해 오셨는가?' 하고 강의를 듣고는 깜짝놀라 '이런 새말씀은 처음이로구나' 한다. 아마 그간 십수 년 신앙설교를 다 넘어서는 원리라는 것이다.

밤을 지새우며 철야 정성을 들이시던 이문경 조장님, 김용순, 고장현 사모, 이문자 권사님, 정영자, 홍영아, 이종남 집사 등 전 대원들이 릴레이로 죽기 살기 냉수 목욕 정성을 들였다. 이런 정성 바탕 위에 새 소식 원리강의를 듣고 수십 년 다니던 신앙을 바꿀 수 있었다. 그리고 저녁 11시 넘어 2시간 정도 강의를 통해 6개월이 되어서 넘어오는 역사가 벌어졌다. 영적으로 조상님이 인도하고 깊은 신앙의 체험, 은혜의 물결이 서로 교류하는 가운데 역사(役事)가 일어났다.

그해 여름날 이기창(기성가정 김용순 대원 남편) 장로님이 부인 위로차 교회에 오셔서 2일 계셨는데 인상적인 일로는 혼자 집에서 농사지으랴 밥을 하랴 얼마나 고생이 되시느냐고 형님 같아 인사를 했더니 "하나도 힘 안들어요 오히려 기쁩니다." 했다.

그때 아들은 대구에 가서 공부한다고 한것 같은데 1년 넘게 집안일을 남자 혼자의 몸으로 감당하면서도 기쁘다고 하며 펄펄 힘이 나고 기쁜 표정이시니 하나님께서 복을 안주고 배길수 있겠는가?

인구 5000명도 안 되는 소도시에서 가족과 함께 개종(改宗)하기란 70년대 초에는 결코 쉬운 일이 아니었다. 당시 상황을 회상하면 우리 통일교회 하나님이 존재하심을 간증하고 싶다.

"원리의 힘!!" 침례교회 집사들 개종(改宗) 전도

협회의 여러 부장님들과 초창기 기성교회에서 넘어오신 女 순회사님들이 은혜를 주기 위해 방문하는 일이 벌어졌다. 오직 하나님의 은혜와 원리 말씀의 능력 주심을 진심으로 감사드린다. 그리고 불철주야 철야와 금식 기도를 하여주신 이문경 조장님, 김용순 권사님, 이문자, 정영자, 홍영아…. 합심하여 기도하면 못 이룰 것 없다는 산 신앙을 경험하였다.

든든한 교회로 성장하는 초석을 다졌다. 얼마 후 침례교회 양목사님은 타(他)교회로 옮기셨다고 전해 들었다.

교회는 믿음과 정성스런 말씀만 있으면 성장한다는 확신이 섰으며 처음 개척지에서 당시 전국에서 유일하게 기성교회를 교리로 싸워 승리한 사례가 되었다. 물론 초기 교회 시절 특별한 기성교회 권사님들이 신령한 계시를 받거나 인도로 입교하여 그후에 순회사로 활동하였다.

협회에서는 특이 사례로 보았는지 먼저 기성 신앙을 경험하신 순회사님을 파송하여 지도하게 하였고 부장님들(정수원 부장, 전도부장, 가정부장, 교육부장)이 순회와서 신앙간증(信仰干證)으로 지도해 주었다. 그리고 특별하게 이요한 목사님이 방문하여 주셨다. 온종일 말씀과 간증으로 신앙을 지도해 주셔서 이때 전도된 분들이 신앙생활을 계속하고 전도도 많이 하였다. 아울러 사회 구원 차원으로 중·고교 기업체 등에서 승공 안보 강연을 대덕군 일원으로 다니며 실시하였다.

"하나님을 보았습니다."

나는 가끔 지구수련을 할때면 대전이나 천안에 가서 원리강의를 여러차례 하였는데 72년 봄 쯤에 김원종 천안 지구장님께서 수련강의 전편을 요청하여 가게 되었다.

강의하는 도중 '창조원리 강좌 3장 하나님의 창조목적은 무엇인가?' 1시간 강의를 마치고, "10분 쉬겠습니다."하고 단에서 내려오려는 찰나에 반백이 넘은 할머니가 일어나 나오며 큰절을 하는 게 아닌가!

깜짝 놀라 누구시냐 물으니 함께 왔던 체신이 좋아 보이는 중년부인이 소개하였다. 논산군 연산의 이백림 도인(대종교) 할머니라며 기도하고 안수하면 만병을 고치는 능력이 많으신 분이란다.

논산에서는 아주 유명한 도인이셨다는데 나는 모르고 있었다. 이백림 도인은 나에게 의미심장한 말을 했다.

"하나님을 보았습니다."

그때 나는 22세 새파란 나이로 온 심정으로 말씀의 위대함을 정성을 다해 전달한다는 심정으로 사명을 다한 것 뿐인데 큰절을 하면서 "하나님을 보았다."라고 하시는데 까무러칠 정도로 놀랄 수밖에 없었다. 하나님의 형상(形像)을 강의 도중에 보았단다. 강사를 보고 큰 절을 하시는데 지금도 그 정경을 생각하면 실감이 안난다. 이틀을 보내며 전편을 마칠 때까지 수시로 대화를 나누며 깊은 경험을 얻었다.

이백림 도인은 수련을 마치고 서명진 순회사님과 함께 바로 협회로 가셨다. 얼마 후 선생님은 특별순회사로 발령을 내셨다. 이백림 도인은 바로 전국을 순회를 하였는데, 주로 조상해원식(祖上解冤式)을 주도하며 전국 교회를 순회하여 신령한 바람을 일으켰다.

성환교회 원리강연회

가을이 무르익어가는 9월 중순, 갑자기 김성일 교구장님의 전화를 받았다. 순전단 40명이 전도 활동을 하고 성환 예식장에서 원리강연회 중에 서울 회의를 가신다며 와서 강연하라고 하셨다.

부랴부랴 만사 제쳐놓고 저녁 7시를 맞추기 위해 기차역으로 가 서울행 열차를 탔다. 도착하여 이재구 교회장님과 인사를 나누며 먼저 강연장을 둘러보자고 하고 10여 분 거리의 예식장으로 향했다. 전날 강연장 분위기와 강연 제목을 물어보고 마음의 준비를 하려 했다. 식장 현관문이 두 개로 열고 닫는 개폐식인데 들어오는 문으로는 사람들이 드나들고 분위기가 산만하기 그지없었다. 당연히 읍내 청년들이 몰려오니 그럴 수밖에 없었다. 어수선한 출입문을 그냥 둘 수 없어 교회장님께 부탁했다. “교회장님 오늘은 한쪽 문을 아예 잠그시고요. 출입구에 안내자를 꼭 세워서 통제해 주십시오”라고 부탁했다.

예식장에 130여 신참자가 모이고 찬송을 시작으로 기도와 원리 강연이 3일째 시작되었다. 3강좌는 말세론(末世論)으로 성서의 말세 징조를 서두로 꺼내며 “하늘 땅이 깨지고 화염 불바다가 벌어진다고 기록되어 있습니다. 여러분 어찌하실 겁니까?”

이렇게 시작하여 1시간여 지나니 분위기가 차분해지고 진지해졌다. 4일째 부활론에서는 “여러분 성경 누가복음 9장 60절에 말세에 무덤 문을 열고 시체들이 벌떡벌떡 일어난다는데 좋겠지요? 엊그제 돌아가신 어머니 사랑하는 아내가 살아 돌아오니 대단히 좋겠지요! 그런데 철천지원수나 인민군이 따발총 들고 떼를 지어 살아나면 어떻겠습니까?” 장내가 아주 썰렁하니 조용해졌다. 나는 남은 말을 마저 했다.

“그러니 오늘 아주 잘 오셨습니다.”

“죽음 특히 성서에서 말하는 뜻은 무엇인가? 하나님 말씀을 불신하고 선악과를 따먹은 하와와 아담을 하나님은 죽었다고 하셨는데 그들은 930세를 살았다는 창세기 3장 이하에 기록이 있습니다. 그리고 예수님의 복음서 요한복음 3장 15~19절을 보면 〈하나님 말씀, 예수님 말씀을 믿고 따르면 죽지 않고 멸망에서 구원을 받고 영생을 얻으며 심판에 이르지 않는다〉라고 기록되어 있습니다. 이로써 죽음의 시체는 하나님의 주권을 떠난 상태를 말하고 있음을 알아야 합니다." 청중들은 고개를 끄덕이며 경청했다.

5일째는 재림론으로 한민족에게 새 소망의 주인공이신 재림주 메시아의 출현을 알리며 끝을 장식하였는데 뜨거운 박수와 환호를 끝으로 맺었다. 청년 나(羅)강사가 얼마나 열변을 토해 냈던지 성환 강연회를 다녀와 4일간 몸살을 앓았다. 그래도 젖소를 사육하는 농장 부인들과 지역유지들이 관심을 표명했다.

선생님의 관심(關心)과 사모(思慕)

1971년 8월 하기 목회지도자 수련회가 청평 수련소에서 열렸다. 서울에서 버스를 타고 설악에서 내렸다. 버스에 내려 다시 2Km를 걸어서 땀을 흘리며 고개를 넘자 호수가 자리잡은 작은 수련소에 도착하였다. 전국에서 80여 명이 모였다. 5일 정도 기간이고 산악기도, 배를 타고 청평 호수 북단으로 가서 운동도 하고 주로 말씀 수련 일정이었다.

3일이 되던 날 점심 후에 참가인원 전체가 배를 타고 30분 정도 이동한 후 산중(山中)으로 들어가 기도와 신체 단련 경기를 하는 시간인데 나는 가고 싶지가 않아 강당에서 누워 있다 앉았다 하고 있었다. 그런데 2시쯤, 끝에 있는 부모님 방에서 선생님이 나오서서 성전 강당 창문을 여시고 머리를 안으로 들이시며 보시는데 깜짝놀라 나는 벌떡 일어나 인사하며 "모두 배 타고 나갔습니다."하니 한참 쳐다보시고는 "너는 왜 안 갔니?"하고 물으시지도 않고 가셨다. 그때 나는 이해(理解)해야 할 문제가 있었다. 내가 알고 있는 온 지식을 통해서도 풀리지가 않았다

꼭 해결 해야 할 말씀과 생명의 문제였다. 3시가 되자 성가 노랫소리가 들리고 수련생들이 도착했는지 뛰어내리고 왁자지껄한다. 모두가 강당으로 들어와 8줄로 뒤로 13명 정도로 배열하고 앉았다.

다 앉기도 전에 벌써 방에서 나오신 차림으로 선생님이 들어오셔서 의자에 앉으며 교회 보고를 하라고 말씀을 하셨다. 1열 1번부터 교회 현황 보고를 드렸다. 선생님은 들으시고 다시 하문 하시며 돌아오는데 3열 3번째 내 차례가 왔다.

"임자(任者)는?"

나는 너무 갑작스런 하문(下問)에 당황하였다. 이때 난생처음으로 존경하는 어르신에게서 들은 음성은 그 후 지금까지 두 번째는 들어보지 못했다.

먼저 전도 대원들의 활동, 침례교회 집사들 입교로 성장이 되고 있는 모습을 보고 드렸더니. "아까 안 나갔지?" 답을 들으려는 물음은 아니었다. "집안은?" 하셔서 나는 마음으로 문제점을 보고 드렸다. 맨 우측에는 협회 간부들 황환채 총무부장, 전도부

장 문홍권, 경기교구장 김현철 님 등이 앉아 있는데. "문○권이 알고 있나?" "글쎄 잘 모르겠습니다." 하니 나를 쳐다보시고 "○행사는?" 하고 물으셨으나 나는 말씀의 의미를 몰라 머뭇거리니 "임자는 일이나 잘 하라고! 하늘은 더 좋은 인연으로 기회를 주신다."라고 하시고는 "다음!!" 하시며 다음 교역자에게로 넘어갔다.

순간에 마음속의 먹구름 같은 무거운 의혹이 눈 녹듯이 사라져 가면서 천근 무게의 짐은 어디로 인지 사라졌다. 내 마음을 익히 아시고 답을 주심에 이심전심이란 심리치료를 해주신 것이다. 뜻을 다시 마음 한가운데로 갖고 오고, 하늘 마음이 내 마음을 아시니 다 해결이 되었다는 감사의 눈물이 나왔다. 시간표 스케줄도 없으신데 개인 면접을 하시면서 나의 사정을 알아주셨던 영원한 스승님의 그 심정(心情)이 사모(思慕)쳐 온다.

충청도 일원 순회 대강연회

신탄진 교회에 부임한 지 2년이 되어 갈 때 협회에서 전국 각도에 전도단을 조직·운영하였는데 교구장을 대신하여 40명의 충남도내 단원을 시·군 단위 교회로 순회시키며 부흥회 강연을 하였다. 심형보 강사, 신성철 강사 두 분과 대원들을 20명씩 2개 조로 나누어서〈1조장 권기남(1800) 2조장 양창식(6000)〉 지교회로 활동을 하게 하였고, 교역본부 교회는 내가 강연회를 하였다. (1. 아산 온양교회 2. 예산교회 김정수 교역장(430) 3. 당진교회 정명원

교역장(124) 4. 서산교회 여영수 교역장(1800) 5. 홍성교회 6. 서천교회 윤영태 교역장(430) 7. 논산교회 8. 공주교회 박수병 교역장(124) 9. 연기교회 등)

6개월 가깝게 두 강사와 2조장들이 한마음으로 기도하며 정성을 드렸다. 쌀과 김치 등 반찬들을 사업으로 장만하여 생활하였고, 신앙 수련기간 동안 대원들의 신앙은 쑥쑥 성장하여 다수가 교회장으로 전도사로 발령받고 하였다.

지난 시절을 지나오며 특이한 사항은 직산으로 대원 3명과 전도 하면서 기성교회 신학교 여전도사와 말씀선포를 서로 한 제목씩 하고 대화를 나누었는데 상당한 실력을 겸비한 전도사였다. 결론(結論)은 못 내고 끝났는데, 15세쯤 연상인 여전도사(까만 치마 흰 저고리 입고, 머리는 쪽비녀의 단정한 차림)가 잠깐 할 말이 있다며 대원들은 먼저 가라 하는 것이었다.

우리 신학교 가자

말씀은 말씀이고 큰 누님 같은 분이라 잠깐 들어보았는데 결론은 23세인 나에게 **"한국에서 가장 유명한 오○, 김○기 부흥 강사 목사가 하는 신학교를 가지 않겠느냐."**는 제안이었다.

'의외의 제안(提案)이며 더군다나 초면(初面)이 아닌가! '

하하 웃고 말았지만, 원리가 내 안에 있으니 꿈쩍 말라 했다. 천안에서 온양으로 돌아왔다.

온양 시내에서 전도하다가 우리 교회 인근에 아주 큰 감리교회를 들어가서 목사님과 말씀을 나눌 생각으로 성전으로 들어가 기도를 드렸다. '언제쯤 이런 교회가 우리 문 안으로 들어올까?' 하며 사무실로 보이는 곳에서 목사님을 찾아뵈었다.

50대 후반쯤 돼 보이는 분으로 키는 당시 169㎝인 나보다 반 뼘은 더커 보이는 온후(溫厚)하신 분이었다. "어떻게 오셨습니까?" 물으셔서 "온양에 사명이 있어서 왔는데 인생을 어떻게 걸어 가야 하는지요?" 하니 목사님은 묵상하듯 잠깐 눈을 지긋이 감았다 뜨더니 나를 보며 "잘 찾아왔습니다." 하며 손을 잡고 "기도부터 하지요." 하고는 손을 내 머리 위에 얹고 한참을 말씀 기도를 하시고 나서 나에게 큰 사명을 가진 사람이라고 하셨다. 그도 그럴 것이 지금 온양 땅에 40여 명이 전단지 들고 시내를 누비고 있고 이 몸은 그 '강연회 강사 목사가 아닌가!' 하는 생각이 들었다.

내일 저녁에 나영호의 원리강연 목소리가 온양 바닥에 울려 퍼진다. 큰 사명이야 이보다 더 큰 사명이 있으랴! '맞추기는 귀신같이 맞추는구먼' 목사님은 말씀을 짤막짤막하게 격언처럼 귀속으로 속속 들어오게 하셨다.

감리교회 목사 안수를 받다

얼마 후, 저녁까지 차릴 요양인지 옆에 있는 사모에게 눈짓을 하는 모습이었다. 난생처음으로 **큰 기성교회의 목사님 안수를 받았다. 축복을 내려 주신다고 하셨다.** 고마운 일면 뒤에 또 만나면 어쩌나 하는 걱정이 되었다.

그리고 나서 온양, 예산 등 충청남도 일원을 순회 부흥강사로 활동을 하였다. 또한 2기 순전단도 40명을 편성하고 인도하며 큰 은혜를 폭포수 같이 받았다.

1기 순전단을 끝내고 3월 부모의 날 전국 집회 겸 8도 대표 강사들 원리 강의대회에 나는 충남대표로 처음 출전했다. 보통 1~2회 출전 경력의 선배들 속에서 나는 "인류역사 종말론 중 하늘땅이 깨지고"라는 제목의 강의로 8명 대표 중 처음으로 출전하여 22세 3등 영예를 받았다. 연단에 나가는데 청중석 150명 정도 였는데 '와~' 하는 소리가 났다. 은혜로운 강의를 마쳤는데 청중석에서 "부흥강사 났다." 하는 이가 있어 끝나고 인사를 드렸더니 박○현 선배님이어서 악수를 하며 칭찬해 주어 고무가 되었었다.

나는 다시 교역장 발령을(공주) 기다리던 중, 박종구 (36가정) 경북교구장님의 부름으로 10년여의 충청도 고향을 떠나게 되고 '어떤 하늘의 섭리가 기다릴까?' 하며 단잠을 설치고 기도하며 기차에 몸을 실었다.

제2부
목회란 무엇인가?

"목회란 나를 찾는일은 아닐까?
하나님과 식구를 위한 일이 종래엔 나를 위한 일이다."

1973년 추석날 대구행(大邱行)

경북교구 수련소장

기차는 영동을 지나 고개를 넘으면서 객실에서 누가 싸우는 듯이 큰소리가 나고 소란스러웠다. '아! 여기가 경상도구나' 싶었다. 느린 속도로 달리는 기차는 역마다 정차하는 완행열차, 추풍령을 걸어가듯 빙빙 돌아 터널을 몇 번이나 지나고 있었다. 대구까지도 몇 시간이 걸렸다.

오후 4시경 대구역에 내려 산천이 생소한 경상도를 생각하며 대구 교회로 향했다. 대구교회는 인교동에 위치하고 있었는데 외형 건물은 기와집으로 한옥 고택으로 역사가 깊어 보였다.

교역장은 안형관 목사였고 국제승공연합 경상북도 지부장을 겸하고 있는 대구의 주인이었다. 대전에서 온 나는 교역장으로

수련소장으로 명(命) 받았다고 인사하니 자못 놀라는 표정이었다. 마치 '외지인(타향인)'이라는 표정이다. 박정민 순회사님이 차를 내어 오셔서 한잔하고 바로 수련소로 이동하여 짐을 풀고 행장을 정리하고 거리로 나와 비산동이라는 곳을 돌아보았다.

다시 수련소로 돌아와 건물의 외형과 내부를 살펴보았다. 수련소의 건물은 30평 되는 셋집이었고, 내부 바닥은 왕겨를 10㎝ 깔려 있어서 푹신푹신 하였다. 전임자는 (정호웅 목사는 선문대 교수로 전 교수 교회 목사) 서울 영등포 교역장으로 전근을 가게 되어 수련소장의 자리가 공석(空席)이 된 곳이었다.

내가 수련소장을 맡게 된 후 수련소는 10월 초 도청 옆 산격동으로 이전하여 처음 수련회를 개최하였고 20명이 참석하였다. 교사 1명, 청년이 15명, 장년들로 구성된 것이 대전에서나 별다름이 없었다.

개회 후 2일째 첫날 9시 첫 강좌인데 낯익은 분들이 5명이나 뒤에서 강의를 청강하러 온 것이 아닌가! 오랜만에 보는 교역자들이었다. 강좌가 끝나고 반갑게 인사하며 담론하였는데, 수련에 깊은 관심을 두고 있어 전망이 밝게 느껴졌다.

두 번째 수련회도 좀 더 진지하게 원리를 강의하고 심정 생활과 초신자(初信者)에 맞는 상담을 하며 교회 생활에 적응할 수 있도록 노력하였다. 11월~2월의 겨울 날씨는 쌀쌀한 경상도 날씨이나 수련은 매월 진행 되었다. 70년대는 어디를 가나 우리는 트레이닝 수도 생활이었다.

한 달에 1회 수련을 하고는 남은 날들은 대구 인근을 방문하며 지역 정찰을 하였다. 첫 임지라서 김천교회(장민형 목사)를 심방하고, 달성교회(최준식 목사) 성주교회를 방문하였다. 우선 지인(知人) 목사님을 찾아보고 지역 특성과 사정을 면밀하게 살펴보았다. 산격동 수련소를 방문한 식구 중 절친이 된 황보승(皇甫承)(1800) 세일여행사 상무이사, 단국대학교 교수로서 인덕(仁德)과 심신앙(深信仰)으로 사는 식구가 있다.

영천 화북교회 부흥회

10월 한참 추수하기 직전에 잘 모르는 식구가 수련소를 방문하였다. 서창우씨인데 영천 화북면에서 오래된 식구라면서 자기소개를 하고는 원리 부흥회를 4일간 해 달라는 것이었다. 자주 일본으로 사업차 다녀온다면서 기성교회도 마을에 있고 하니 꼭 이번에 오셔서 통일 원리의 위대성을 확실하게 전(傳) 해줬으면 한다고 하였다. 아주 좋은 뜻이긴 하나 교구장님 허락을 받아야 한다하니, 그 점은 자기가 지금 교구장님을 찾아가서 허락을 받겠다고 했다 참으로 열성이 대단한 분이었다.

날짜는 10월 4~7일로 정했다. 대부흥회를 약관 23세 나이에 성환에서 경험을 하였고, 2차로 24세의 청년이 자천 제단 강단에 서게 된다. 女전도사가 언급한 김충기 침례교회 대부흥 목사는 이때 대구에서 부흥 사역을 하고 있어서 유심히 강청(講聽)을 하여 단단하게 부흥회를 준비하고 임하여 차고 넘치는 은혜를 위한 노력을 하였다.

강연회 내용은 일자 별로 정리하고 생각나는 데로 옮겨 보았다.

1일: 하나님은 계시는가? 인생은 어디서 와서 어디로 가는가? 과연 영계는 있는가?

2일: 우리 인생은 과연 죄악과 고통을 벗어날 수 없는가? 인간의 시기 질투 분쟁 욕심은 어떻게 하여야 벗어 날 수 있는가? 성서 "창세기 2장 17절 에덴동산에 선악을 알게 하는 나무의 실과(선악과:善惡果)는 먹지 말라. 네가 먹는 날에는 정령 죽으리라 하시니라." 기독교에서 이로써 원죄가 되어 자자손손 유전(遺傳)되고 죄악 세계에서 영원히 허무하게 살 수밖에 없다는 것이다. 오늘 이 시간 원죄는 무엇인가? 사탄의 정체는 기독교인들이 말하는 동산의 뱀인가? 해명하겠습니다.

3일: 부활의 참뜻이 무엇인가? 끝날 성서에 불 심판. 하늘땅이 깨어 부서진다는 말씀은 시체가 무덤 문을 열고 거룩한 성 예루살렘 성에 들어간다? 성서를 문자(文字)대로 믿으면 혼란해 하는 장로교, 침례교, 성결교 성도 여러분 오늘 "강연 내용의 말씀을 잘 듣고 은혜받으시기 바랍니다." 박수 소리가 담을 뛰어넘고 목소리는 천장이 들썩 할 정도로 컸으니 오랜 40년 전(前)이지만 지금도 눈에 선하다.(중략)

4일차 부터는 본격적으로 질문을 던지며 화답받는 형식으로 강의를 하였는데 뜻밖에도 성령이 임하셨다.

"예수님은 2000년 전 예루살렘에 오시어 십자가(十字架) 짊어지고 머리엔 가시 면류관 쓰고 이마에 피를 철철 흘리며 돌아가시므로 우리 죄악을 구속(救贖)하여 죄를 모두 청산하였다고 믿고 있는데 과연 실상은 어떠한가요? 여러분 저 건너 장로교에서 오신 권사님 어디 한번 말씀해 보세요. 기도할 때 눈물로 회개 기도하세요! 안 해도 됩니까? 앞에 앉아 계시는 선생님들 오늘 아주 잘 오셨습니다. 1시간이면 문제 다 해결이 납니다."

"여기 서창우 장로님은 이 고장의 선지자요, 개척자입니다. 깜깜한 한밤중에 홀로 이런 하늘의 비밀을 알고 한 사람 한 사람 전도하여 이 교회를 홀로 세워 말씀 잔치를 베풀었습니다. 한 달 전 서 장로님이 저를 찾아와서 하늘의 말씀을 선포하여 달라는 청을 받고 두렵고 떨렸습니다.

저는 새벽마다 산을 올라 동쪽 영천 땅을 向(향)하여 영력(靈力)과 하늘의 지혜(智慧)를 간구하였습니다. 오늘 이 진리는 한국에서 출연하여 현재 일본 전역과 대학가와 미국 청년들이 수백명씩 찾아 따르는 새 소식입니다. 진리 출현지 한국을 진리의 조국이라며 이 땅, 한국을 방문하고 있습니다. 여러분 모두 하나님의 사랑과 가호하심이 늘 함께하시길 빌면서 마치겠습니다."

이때 중학생으로 부흥회에 처음부터 끝까지 참석하며 은혜를 받아 신앙을 교회에 입교하여 지금까지 축복을 받고 구리교회에서 장로로 시무하며 통일신도회 이상보 회장의 당시의 간증을 글로 옮겨 본다.

서영조 교회장(장로)님은 경북 영천군 화북교회의 최초 개척자이시다. 60년대 초 통일교회에 입교하셨으며 영천시에서 활동하시다가 화북면 자천리 면 소재지에 화북교회를 개척하셨다. 시골 마을의 작은 교회였지만 매우 활성화 되던 시절이었다.

화북교회에 부흥목사로 초빙되었던 4일간의 부흥회는 1973년경이다. 그 해 두 차례 있었다. 부흥회는 은혜와 신령역사가 함께 했다. 화북교회는 개척하자마자 수많은 사람이 전도되었다. 그 무렵 장로교 자천교회의 중심이었던 권사, 집사, 신도들 십여 명이 통일교회 부흥회에 참석하는 역사가 있었는데 〈나영호〉라는 24세의 새파란 젊은 나이의 부흥목사 입에서 나오는 새 말씀의 부흥 설교에 모두 넋을 잃었고 감동과 전율을 넘어 방언까지 하는 일이 벌어졌다. 그 광경을 지켜보았던 당시 학생(이상보 회장)이었던 나는 그토록 은혜로운 부흥회를 지금도 생생히 기억한다. 조용하던 시골 마을이 시끌벅적 활기가 넘치게 되었다. 교회당 마루, 뜨락까지 100여 명이 첫날부터 끝나는 날까지 참석을 하였다.

통일 원리 전편 창조원리, 타락론, 예정론, 메시아 강림론 후편, 아담, 노아 아브라함, 예수, 동시성 역사, 노정에 재림론까지 기성 장로교회에서는 들을 수 없었던 하늘과 땅 천륜적 성경의 비밀들이 폭포수처럼 솟아나니 부흥회는 은혜의 도가니로 변했다. 지금 생각해 봐도 부흥목사의 말씀이 그토록 신비하고 열정적으로 말씀을 하시던지 어찌 말로서 그 신비한 맛깔스러움을 모두 다 표현할 수 없다. 당시 학생이었던 나는 저 신비스러운 부흥목사님이 누구인가 매우 궁금했다.

통일교회 역사에서 비록 작은 면소재지였지만 신도들끼리 통일교회와 장로교회가 상호교환 참석하는 초교파 부흥회의 역사가 일어난 것이다. 장로교 목사가 뒤늦게 알아서 결국 큰 파문이 일어나고 말았다. 통일교 대책이 수립되고 대대적인 반대 운동이 시작되어 신도들끼리의 밀월 관계는 단절이 되고 말았다. 그러나 화북교회는 지역사회에 자리 잡은 것이다.

서 장로님께서는 젊은 시절부터 영천 시내에서 소위 잘 나가는 가구점을 운영하시다가 통일교인이 되었다. 장로님은 면 소재지의 자천2리 시골 마을에 가구점을 운영하셨다. 사실 장로님은 가구의 명장이셨다. 그 명장이 시골 마을에 가구점을 낸 것은 선교를 위한 것이었다. 세상에 이윤없는 장사는 거짓말이라 했는데 정말로 이윤을 거의 남기지 않는 가구점이 탄생한 것이다. 당시 영천 시내의 도시 큰 가구점보다 가격이 30% 이상 저렴하고 품질과 디자인 등에서 시내 가구점 보다 오히려 앞서는 것이었다. 면민들이 모두 칭송하는 양심 가구점이었다. 서 장로님 가족은 모두 복귀가 이루어진 집안이다. 서영조(부인 정귀옥) 기성가정이시며, 동생들 서영기(최수남) 1800가정, 서영애(손병룡) 6000가정, 서영철(유승자) 6000가정, 서영길(김복희) 기성가정, 모친 이선이(서팔성)기성독신가정, 가족 형제·자매 전원이 축복가정이며 증언자 이상보(이형숙) 6000가정을 전도한 믿음의 부모가 서영조 장로이시다. 서 장로님은 비록 고인이 되셨지만, 직계 자녀 중 3명(서미정, 서재림, 서정희)이 현직 공무원과 금융 관련 회사에 근무하고 있고, 사모이신 정귀옥 권사님은 투철한 신앙생활을 하고 있다. 천성이 티없이 맑으신 분으로서 신사 중의 신사였다. 삶 전체가 심정이 살아있는 신앙인이며, 그리고 면민들 앞에 의인이라는 칭송을 받으며 인간승리를 하셨다. 믿음의 아들인 필자는 서 장로님의 절대적 믿음을 신앙의 모델과 삶의 표상으로 본받고 싶다.

끝으로 당시 개척 화북교회는 나영호 젊은 부흥목사의 새 말씀 강의로 신령과 진리 은혜의 도가니에 신앙의 뿌리가 내려지고 화북교회의 전성시대를 여는 원동력이 되었던 것이다.

부흥회가 끝나고 많이 피곤하고 목이 쉬어서 목소리가 잘 안나왔지만, 버스를 타고 대구로 돌아오는 마음은 내내 뿌듯하고 심정에 솟구치는 감정에 사로잡혀 있었다.

수련소장의 모심의 생활

11월 24일~29일로 수련 일정을 잡고 공문을 보냈다.

한편 제2의 예루살렘이라는 대구 땅에 와서 이대로 수련생 교육이나 하여야 하나 하는 생각이 자주 들곤 하였다. 도청 뒤 산격동 뒷산 등성에 오르면 칠곡 팔공산이 보이는 곳에 나름 성지를 정하고 겨우내 산을 오르내렸다. 눈 덮인 산을 밟기도 하고, 큰 나무 밑에 앉아도 보며 골똘히 찾았다. 여기서 나는 3주간의 시간을 어떻게 지내야 하나? 공부를 할까? 그러다 2월이 가고 3월이 오니 인사이동이 있었다. 실은 대구교회가 3개소 (중구교구본부. 동대구, 남대구) 있어서 나는 새롭게 북대구 교회를 개척할 생각을 하였었다. 그러나 계획만 세운채 개척의 첫 삽도 못뜨고 말았다.

1974년 1월 20일로 기억이 되는 동대구교회 헌당식에 초청을 받고 참석을 하였다. 11시 헌당식이라 본 교회 식구는 물론하고 대구권 식구 약 200여 명의 식구가 운집(雲集)하였다.

홍○ 당해 교역장의 사회로 예배 인도 준비를 하고 단상에 좌석 배열을 하여 나도 단위에 가운데쯤 앉았다. 안형관 대구 교역장 겸 국제승공연합 도지부장, 엄상철 교역장, 장민형 교역장, 최준식 교역장 등 5~6명이 앉고 예배는 시작되었다. 찬송이 은혜롭고 우렁차게 하모니가 이루어져 어려운 시절이지만 모두가 새소망이 뭉게구름처럼 피어 올랐다. 그때 창 너머로 보니 키가 훤칠하신 박종구(教區長)교구장님이 문 쪽으로 들어오셨다. 모두 놀라는 상황이었지만 당해 목사인 홍교역장이 대처를 하지 못하여 교구장이 서서 계시고 우물쭈물하고 난감한 순간 내가 벌떡 일어나서 "교구장님 이리 오세요" 하고는 곧바로 단하 식구들의 틈새로 내려와 앉아 예배를 드렸다. 나는 대구에 온 지 4개월쯤 되었고 식구들에게는 처음 얼굴을 선보이는 자리이기도 했다.

인사와 교구장님의 말씀, 경과보고, 축사, 광고 등 2시간여 소요되어 식은 끝나고 점심을 먹는 시간이 되었다.

지금 생각해보면 어언 43년 전 일인데 기억은 새록새록 하다. 특별한 사건은 아니지만 나 개인적으로는 중요하게 생각하는 바가 있다. 그때 내 나이 23세의 나이이며 교구 수련소장이고, 처음 대중 식구 앞에서 단상 아래 식구 사이에 자리 잡고 앉을 행동을 했다는 것이 우습기도 했다. 남들은 가만히 앉아 있는데 가만히 있으면 당연히 누군가 의자 하나 더 들고 오든지 아니면 다른 교역자가 일어나 나가든지 할 텐데 말이다.

식사하기 위해 모두 인사하며 자리를 정하여 앉아 있는데 대구교회에서 봉사와 모심의 생활로 유명한 김분조 권사께서 나에게 다가와 "처음 뵈어요. 참 대단하세요." 했다. 알아주는 이는 오직 그분 한 사람뿐이었다. 당회 목사도 자리 때문에 참 미안하게 되었다는 인사 한마디 없었고, 수십 번 만났지만, 뭐가 뭔지 잘 모르는지, 잊어버렸겠기를 하는 것인지, 경상도는 내가 잘 모르지만 본래 그런 건가 하고 말았다.

나는 당시에 '어떤 생각을 했나?' 하고 돌아보았다.

동대구교회 헌당식 참석을 위해 안동에서 땀을 흘리며 뛰어오신 경상북도 제일 어른이신데, 식구들 앞에 서서 계시게 한다는 것이 나는 도저히 이해가 되질 않아서 눈곱만치도 체면 위신 생각지 않고 벌떡 일어나 단아래 식구들 속으로 들어가 앉아버렸다. 그리고 나의 자리에 앉아 식을 주관하시게 해드렸다. 모심의 생활이란 것은 이런 것이지 별것 있나 싶었다.

1974년 3월경 박종구(타이거 朴) 교구장님이 협회 전도부장 겸 사업부장으로 전근 가시고, 엄일섭 전남교구장이 경북교구장으로 발령을 받아 부임하였다.

경주시군 지부장, 교역장

나는 1974년 3월 20일 경주시(월성군) 교역장으로 명(命)이 났다.

"아~ 아 신라에 밤 아 암 이이여"

나는 수련회 폐회식이나 때를 가리지 않고 현인 씨의 노래를 즐겨 부르곤 했는데……. 뜻밖에 명을 받으니 만감이 일어나 몇 날을 밤을 설쳤다. 천년 신라를 생각하면서…….

경상도 날씨가 아침저녁으로 쌀쌀해졌다. 3월 20일날 큰 가방 한 개 들고 떠나는 전도자 신세였다. 천년의 역사를 공부해야 하고 인심을 파악해야 한다.

신라는 유서가 깊은 역사와 불교가 살아 숨 쉬는 곳, 찬란한 문

50사 122연대 본부

화가 번쩍이는 한 나라의 수도였잖은가? 생각을 다 정리하지 못하고 버스에 올라 한시간 반 달리니 경주 터미널이었다. 정류장에 도착하니 4명의 교회장(김무남 안강교회장, 박유득 건천교회장, 한후조 교회장, 김대곤 외동교회장)과 내남교회장 김재근 님이 기다리고 있어 인사를 나누었다.

교회는 성건동 205번지 일자(一字)로 지어진 집인데, 기와집으로서 50평 대지에 30여 평은 성전으로 건물을 지었다. 방 두 개와 성전 문 옆 방이 모두였다. 헌신(獻身) 식구 홍경희 양, 정양 2명이 봉사 생활을 하고 있었다.

식구는 15명(학생 6명, 지교회 3곳) 교인은 모두 60명 안팎. 열악한 환경에서 성전을 짓느라, 교역자가 땀과 눈물을 흘리며 세워 졌다고 한다. 빚이 조금 남아 있었지만 경북에서 우리 힘으로 세워진 김천교회, 달성교회와 안동교회는 한참 짓고 있는 실정으로 성전 현황은 양호하였다.

3년 동안 시무하면서 외적으로 중·고교와 기업체를 다니며 승공안보 강연을 하였다.(강사비 2000원/금 한 돈값이 70년도에 2,000원 할 때) 육군 50사단 122연대 연병장에서 갑호비상교육(정신 훈화, 국제정세, 이충무공 정신)을 수시로 하였다. 122연대 옆에 황성 공원은 언제부터 있었는지 유서가 서려 있고 풍광이 아주 좋았다. 1만여 평은 넘어 보이는데 김유신 장군 동상이 있었다. 이곳을 자주 와서 그 옛날 신라 청년들의 기상을 상상하였다.

신라의 천년 대계를 세우기 위해 청소년을 선발하여 호연지기와 우국충정(憂國衷情)이 어린 기상을 연마하였던 말발굽 소리가 귓전을 울려 나의 심장에 들리는 듯하였다.

원광법사의 세속오계(世俗五戒)를 정신 사상으로 함양하며 순수한 일편단심을 길렀을 신라 청년들의 기상과 정신, 그때 20대 초반이니 마치 동병상련이랄까? 이런 심정으로 천 여 명 중·고교 학생과 전 교사들 앞 연단에서 90분간씩 토로하였던 안보 승공 및 북한 실정 강연은 지금도 생생하다. 해변 인접 지역의 안보 자세 확립이 절실할 때여서 정보과장이나 3계장이 함께 경주시 월성군 전역을 순회하였다.

내적으로는 교회 식구들과 인화하며(내남교회 순회 가면 김재근 집사님의 맛있고 풍성한 식사는 잊을 수가 없다.) 원리강연회를 준비, 전도에 주력하였다.

신라의 경주는 고도라서 가는 곳마다 유물유적으로 관광은 실컷 할 수 있었다. 또한 외지에서 수시로 손님이 찾아와서

신라문화제

불국사, 석굴암, 첨성대, 안압지, 황룡사 터, 반월성 석빙고, 무열왕릉을 수행하며 고적 역사도 많이 배웠다. 경주 국립박물관(정양모 관장)은 국내에서도 수준 높은 박물관으로 입장하면 하루 가지고는 어림도 없을 만큼 교육자료가 무궁무진하다. 기억에 남는 특별한 것은 신라 문화제로서 1주일 정도 기간에 걸친 행사는 정말 볼만하여 온 인류에게 소개한다. 신라 천년 古都(고도)가 찬란했던 영광의 문화 예술, 지금도 색은 바래었지만 앨범이 몇 권은 된다.

교회는 2년쯤 지나자 새 성전 신축 붐이 전국으로 불었다. 성전 짓고 몇 년 안 되어 다시 건축함은 무리가 있었다. 갑자기 김한수 건설대장님으로부터 목재 실은 차량이 새벽에 도착한다고 전화가 와서 오랜 식구 최순도 권사의 성냥공장 터에 쌓아놓게 되었다. 한달 후 쯤 건축이 들어가는데, 매일 권사님 댁을 심방할때 “교역장님 잘 모르시겠지만 박종화 선생을 태우고 내려오신 자전거가 없어졌어요”하는 소리를 들었다. 고물상 여러곳을 찾아 헤맸지만 그땐 고물상도 어디로 가버리고 없었다. 20명 안팎의 식구와 더불어서 말이다. 자재가 본부에서 지원되는 만큼 실제론

앞과 뒷마무리만 할 일이었다. 6개월 들여 완공은 간신히 하였으나 마무리가 아직 멀었다. 성복이 처남이 군대 가기 전 15일이나 노력 봉사해주어 큰 힘이 되었다. 여의도 구국 세계대회엔 13대 버스가 행사장에 다녀왔으며, 기사들이 되게 속을 썩인 것으로 기억에 남아 있다. 3년여 나날을 회상해보면 밤하늘의 별처럼 많은 사연이 겹쳐있다.

경주하면 떠오르는 식구님들은 한후조 목사님, 박유득, 박유수, 김무남 목사님, 김재근 집사님, 김대곤 장로님, 이석찬 장로님, 박봉연 권사님, 최순도, 최옥교, 이난희 권사님, 이상구 변호사님, 강통남 유지어른, 이령 화가님 등으로 이분들은 어려운 경주 개척사에 남을 분들이며 전도대원들 홍경희, 정선홍 두 분 봉사대원들의 정성은 하늘의 기억과 가호하심이 있을 것으로 확신한다.

백합꽃 보다
우아한(優雅) 춘희(春姬)

우리 교회는 축복의 교회이다. 3년에서 5년 주기로 청년과 처녀들의 약혼식과 결혼식을 거행한다. 1975년도에는 커플 축복식이 열렸는데 1970년도 이후 5년 만에 열렸다.

함박눈을 맞으며 반월성터

나에게도 기다리고 있던 소식이 있었는데 협회 김찬균 부장님께서 전화가 와서 밤 기차를 타고 상경하여 약혼수련회에 참가하였다. 대상은 대구 달성 출신으로 성화 17 출신이고, 고3 때 성전건축을 위하여 성미 모금사업, 헌신봉사한 공로로 표창장을 박종구 교구장으로부터 수상한 식구였고, 이때는 경기 양주 백석 교회에서 전도사로 어린이 지도와 청년들을 전도하였다. 2월에 예식이 있었다.

26세에 처음 만난 달성 처녀 춘희가 2월 어느 날 경주에 와서 펑펑 쏟아지는 눈을 맞으며 첨성대 반월성 터를 걸을 때 분명 팔짱을 꼭 낀 채로 낭만과 사랑의 노래를 부르며, 먼 앞날 부푼 꿈을 안고 날아갈 듯하였다. 그때는 시골이었으니 들과 밭에 어른들 눈총받으며 요상하다 했을지도 모른다. 그때 춘희는 자주색 베레도 치마, 저고리를 입었고 얼굴은 백합꽃보다 좀 더 예뻤었다. 지금도 그대로인듯 내눈에는 보인다. 일주일 휴가를 다 보내고 돌아갔다. 7월 휴가 때 볼 것을 약속하고 떠나갔다. 당시 한 달 생활비가 (부인 대원) 7천원 정도였으니. 우리는 그때 어디 가나 가난했었다. 개척이나 다름없는 경주에서 생활이었으나 '오늘 저녁을 무얼 먹을까?'하는 걱정은 한 번도 안 하고 산 것만 같은데 왜 그랬을까? 아마도 꿈에 배가 부르고 추억에 마음이 배고픔보다 불렸으니 행복했다는 생각이 든다. 지금 내 추억에 아름답기만 하다. 그때는 아마 내가 미치기는 제대로 미쳤었던가 보다.

천년고도 경주

맑고 시원한 바람 부는 공중. 파란 바다 같은 하늘. 200m만 시내를 지나면 산과 유적이 즐비한 고장. 생활은 아주 고달팠지만 산천은 그렇게 아름다울 수가 없다. 먹지 않고 살수만 있다면 경주는 낙원이다. 영지 연못에 백제에서 남편을 찾아와 정성 들여 절을 짓는 불사로 연못에 어린 그림자 남편을 기다리다 끝내 그리운 만남을 못 한채 아름다운 깊은 속내를 간직했을 여인의 이야기는 눈물겨운 슬픈 서사시이다.

봉덕사 종소리는 에밀레 에밀레 한다는 전설. 쇠 주물 통에 종을 만들다 그 소리가 낭랑, 명쾌하지 않아 고민하다가 쇠 끓는 주물통에 사랑하는 자식을 넣어 만들었더니 칠 때마다 "에밀레~" 한다는 전설이 있다. 그 옛날 형님께서 경주 불국사 수학여행 다녀와 들려준 전설 같은 이야기를 3년을 경주에 살면서 확인도 못 해보았다. 아직도 나는 전설인지 실화인지 모른다.

그래서 에밀레종의 전설을 확인해 보았다. 국보 제29호 봉덕사에서 주지와 스님들이 전국 백성에게 쇠붙이, 재물을 시주받아 34년간 갖은 공로(功勞)를 들여 만든 종이다. 신라 35대 경덕대왕이 선왕이신 성덕대왕의 업적을 기릴만한 종으로 주조를 명하였으나

수차(數次) 실패를 거듭(주물이 깨어지고, 소리가 영 마음에 들지 않거나)하여 경덕왕은 완성을 못 보고 죽고 771년 신라 36대 혜공왕 때 기술자들을 독려를 하여 완성했다.

오랫동안 갖은 정성을 들였는데 시주하러 다니다가 가난하여 바칠 것이 없어 자식밖에 드릴 것이 없는 백성을 만나서 주지 스님이 받지 않았으나 실패를 거듭하니 백방으로 심사한 끝에 아기를 시주받기로 하여 정성으로 바쳐 주조가 완성되었다. 혜공왕을 비롯한 문무신하들이 운집한 가운데 타종을 하였는데 신라 땅 어느 종보다 아름답고 마음의 평안을 주는 복음(福音)이었으며 "에밀레에에! 에밀레에에!" 하는 소리도 들린다 하여 일명 에밀레종이라 부른다. 종을 소개하면 높이 375cm, 밑지름 227cm, 무게 18.9 톤 두께 11~25cm 최고로 큰 것은 물론이고 표면에 조각된 기도 하면서 하늘로 나르는 飛天像(비천상)은 신비롭기 그지없다.

그렇다면 과연 아이를 넣어 주물을 만들었는가?

1996년도에서 최근까지, 경주 국립박물관이 면밀한 조사를 한 결과, 신종은 구리, 주석, 청동주물로 구성되어 있으며, 타종보다 유황 성분이 많이 검출되었다. 주조 당시 아이를 넣어서 주조했다는 사실은 아닐 가능성이 큰 것으로 조사되었다. 그 이유는 인 성분이 검출되지 않았다. 에밀레종 제작 당시 어린아이를 넣었다는 것은 신종 제작 과정의 어려움과 정성을 상징하는 전설로 여겨진다.

성덕대왕 신종(聖德大王神鍾)은 국보 제29호이며 세계적 문화유산이다. 1975년도에 내가 경주에 살 때 화가(畫家) 강통남 선생에게서 비천상 탁본을 2점 기증받아 소장하고 있다. 봉덕사는 성덕대왕이 태종 무열왕을 위하여 세운 절인데 어디에 있었는지 흔적을 아직 알 수 없다.

애달픈 아사녀의 전설

기원전 751년 경덕왕 10년 불국사가 지어졌다.

불국사를 창건한 김대성은 절 안에 불탑을 세우기 위해 백제의 석공을 불렀다. 당시 백제는 석가탑(돌탑)을 만드는 기술이 뛰어났는데, 그중에서도 아사달이 가장 솜씨가 좋았다고 한다. 아사달은 김대성의 요청을 받아들여 신라로 가서 석가탑을 만들게 되었다.

그런데 아사달이 불탑을 만든다며 신라로 간 지 여러 해가 지나도록 돌아오지 않자, 그의 아내인 아사녀는 남편을 만나기 위해 신라로 향했다. 어렵사리 불국사에 도착한 아사녀는 남편을 찾았지만, 아직 불탑이 완성되지 않아 만날 수 없다며 사람들이 막아섰다. 당시 사람들은 불탑을 만들 때 여자를 만나면 안 된다고 생각했기 때문이다. 하는 수 없이 아사녀는 날마다 불국사 앞을 서성거리며 기다렸다.

하염없이 기다리기만 하는 아사녀를 가엾게 여긴 한 스님이 그녀에게 귀띔했다. 불국사 가까이에 있는 연못에서 정성껏 기도를 드리면 탑이 완성되었을 때 탑의 그림자가 연못에 비칠 것이라는 이야기였다. 이후 아사녀는 매일매일 연못을 들여다보며 탑의 그림자가 비치기를 기다렸다. 하지만 아무리 기다려도 그림자는 볼 수 없었다. 기다림에 지쳐 상심한 아사녀는 결국 외로움을 견디지 못하고 연못에 몸을 던져 죽고 말았다.

그녀가 죽은 지 얼마 지나지 않아 아사달이 석가탑을 완성했다. 아내가 그리웠던 그는 서둘러 아사녀를 만나기 위해 나섰지만, 아무리 헤매도 아내를 찾을 수 없었다. 결국 그는 홀로 백제로 돌아갈 수밖에 없었다. 훗날 사람들은 아사녀가 빠져 죽은 연못을 '영지', 석가탑을 '무영탑'이라고 불렀다. 무영탑이란 그림자가 비치지 않는 탑이라는 뜻이다.

결국 김대성은 일족의 재산을 모두 쏟아부어 23년동안 지었지만 못내 완공을 못보고 죽었다. 그리고나서 나머지는 신라 왕실에서 완성하였다.

이요한 목사님 방문

1975년 여름 오후 3~4시 되었을 때 이요한 목사님이 방문하셨다. 아무런 예고 없이 들리셔서 깜짝 놀랐다. 불국사를 다녀가고 싶다고 하셔서 모시고 다녀왔다. 자세히는 모르지만 교회 사정과 이모저모 나의 심사를 살피신 것으로 생각이 든다. 생활을 식구댁에서 한다고 말씀드리고 15명(학생 4명 포함) 식구라 어렵다는 이야기를 하였더니 들으시고는 떠나시면서 만 원 한 장을 주고 가셨다.

어떻게 오셨는지 그때 이후로 잊어버리고 있었는데 이 글을 쓰다 보니 발령받고 직후에 서울로 내가 목사님을 찾아뵈면서 이런 저런 고민거리를 의논했던 생각이 났다. 그래서 찾아오셨나 보구나 했다. 5년 전 자신을 찾아와서 목회란 무엇인지 물었던 청년! 실은 신탄진 교회에서 순회 중 뵙기는 했었지만 그때는 서로 인연을 생각 못 했었다.

연초에 청파동 언덕 본부교회에서 신년 집회 후에 선생님은 2만원씩 200여 지도자에게 주실 때가 있었다. 무척이나 고마웠다. 얼마나 간직하다 잘 썼는지 모르겠지만 그런 시절이 80년대까지도 이어졌다. 외식은 한두 번 특별한 날에만 갔고 또 간다면 자장면 집이었다. 추억은 아름답지만 그 시절로 가서 다시 살라고 하면 결코 가고 싶지는 않다. 어려웠던 시절을 같이 해서 그런지 이요한 목사님은 늘 나에게 힘이 되어 주었다.

근년 들어 경주의 어머님 같은 최옥교 권사님이 성화하셔서 꽃바구니와 성화의 글을 경북교구장에게 이렇게 보냈다

최옥교 권사님 성화식전 추모 메시지

"권사님은 1974년 75년 76년 3년간 교회 신축 시 부채를 청산하는 데 앞장섰으며, 식구를 자녀 돌봄같이 희생하셨으며 교역자의 생활을 도맡아 봉사한 실적을 확인합니다."

당시 세계기독교통일신령협회 교역장 나영호

마지막으로 경주 3년을 정리해 보면은 1974년도 김인철 승공연합 이사장님의 표창패를 경상북도 대표로 수상하였다. 또한 리동통 마을 순회강연을 실시하였고 김무연 경북도지사에게 표창패 수상하였다. 승공안보 사상 지도에 대한 공로(功勞)를 인정받아서였다. 김영휘 협회장 전도 상패를 수상하였고 육군 50사단 정신훈화 교관으로 국제정세와 이충무공 정신을 2년 강의하였다. 읍면동 내 기관·기업체 학교 군부대 등 40여 곳에서 승공 안보강연도 하였다.

영주시 군 지부장 겸 교역자 발령

1976년 10월 경상도 북쪽 영주 영풍군은 소백산 죽령과 강원도가 붙어있는 곳에 있다. 5월 초까지 흰 눈이 소백산 중턱에 덮여 있는 쌀랑한 지역이다. 풍기는 인삼 고장으로, 사과와 산나물이 많이 나는 산악의 도시이다. 교회는 A 타입 교회로 식구는 명금호 권사 가정, 조길성·이정자 가정, 권혁조·장정순 장로 가정, 신계순 권사 가정, 단산 이치우 장로, 신동숙 장로, 그리고 청년들이 10여 명 나오고 학생도 식구 자녀들이 나와 30여 명은 족히 되었다. 교회는 담장이 없어서 낙엽과 오물이 마당에 유입되는 형편이었다. 여기와서도 담장공사는 내가 해야했다. 협회에 보고드렸더니 정수원 총무부장님이 20만원을 보내주셔서 교회 옆에 브록크 공장에서 사가지고 낮은 담장을 쳤다. 교계의 현황은 어디나 기성교회가 2~30배 강하여 기를 펴기 어려웠다. 교회 발전 측면에서 내실은 물론 다지면서, 외연을 넓히는 작업이 필요하였다.

고심(苦心)한 끝에 노인대학을 개설할 계획을 세우고 면밀히 조사를 하였다. 우선 교육청도 둘러 사전 협의를 하고 지원 방안도 연구하겠다는 다짐도 받았다. 이제 어르신들을 만나는 일이 관건이었다.

영주 노인대학 개설

1977년 9월 10일 어르신 초청잔치 겸 강연회를 하고 원하는 어른들부터 1년 코스로 시작을 하였는데 100여 명이 신청하고 1주일 1회 매주 토요일 2시로 공고를 하였다.

첫날이 문제였다. '얼마나 오실까?' 초청 인사는 교육장, 서장, 군수 등의 축사로 식순을 만들었는데 초조하고 불안하였다.

드디어 개학(開學) 날이 왔다. 대문가에 떼를 지어 입장하는 데온 동리 주민들이 구경하고 야단법석이었다. 30명이 더 오셔서 130명으로 입학식을 하게 되고 내빈으로는 교육장, 대한노인회 지부장, 각 노인회장, 황영대 농협 조합장 그리고 지역 유지분들이 오셨다.

사회는 김영훈 통일 주체 대의원님이 국민의례, 애국가, 묵념, 인사소개

등이 이어졌고 각 노인회 회장님들이 10여 분 오셔서 내빈 소개하고 다른 내빈도 다수 와서 성황을 이루었다고 후평(後評)이 나왔다.

교회당인데도 주저함과 망설임이 없이 깨끗하게 한복으로 단장하시고 오셨으며 노인회장님들도 10여 분 모시고 함께 학교에 다니신다고 참석하셨다.

개회 인사 겸 인사말은 학장인 내가 열변(熱辯)하였다.

"여러분! 아버님 어머님들 환영합니다. 잘 오셨습니다. 그동안 배우고 싶으신 것이 많았지요?"

"예!"

한소리로 답하셨다.

"3~4명 이상 자식 낳아 기르셨지만 갑갑하셨지요? 그동안 몸으로 한 고생은 말할 것도 없고 가장 어려운 시대를 사셨습니다. 어린 나이로 일제의 압박을 당하셨고, 6·25 남침으로 인한 피난민 시절 자식들을 굶기지 않으려고 자기 자신은 얼마나 굶으셨습니까! 그리고 6~70년 초까지 허리가 휘도록 가난과 싸우며 고생을 하신 부모님들이 아닙니까? 이제부터 영주에서 유일한 우리 노인대학이 여러 유지 선생님들의 협조 아래 하나하나 해결하여 나가겠습니다."

다음은 김경서 교육장님을 모시겠습니다.

"제가 영주에 와서 나 목사님 같은 선량하고 맑은 심성을 가진 지도자를 만나 기쁘고 고맙습니다. 한달 전 나목사가 저를 찾아

왔을 때 저는 나목사를 보고 무조건 지원하겠다고 한 것은 바로 선량한 심성을 보았기 때문입니다. 앞으로 제가 밀고 끌면서 여러 어르신을 보살피겠으니 마음껏 배우시고 기쁜 나날 되시기를 축원하겠습니다."

그리고는 학업 계획을 소개하고 2시간 만에 마친 후 음식을 준비하여 따뜻하게 대접을 하였다. 떠나갈 듯이 웃고 담소하는 모습은 지금도 눈에 선하다.

노인대학의 어르신들은 학업이 끝나면 꼭 시내 거리 쓸기를 하였다. 대 빗자루 30개를 비치하여 봉사를 생활화하고, 어르신이지만 솔선수범하므로 타인에게 존경받는 자세를 작은 것에서부터 시작하였다. 3개월이 지나니 영주 시내에 소문이 나기 시작했다. 아니 갑자기 할머니, 할아버지들이 거리를 쓸고 휴지를 줍고, 2~30여 명이 순번을 짜서 매주 활동을 자기 집 가게 앞에 와서 쓸고 다니니 말이다. 가만히 앉아서 어르신들을 보기가 영 민망하기가 이를 데 없다는 것이다. 지저분하면 또 오실까 봐 아예 미리 청소하는 가게 주인들이 생겨 날 정도였다.

그렇게 세월은 흘러 1년이 되었다.

1978년 12월 20일 날 졸업식을 예정하고 준비를 하였다. 문제는 졸업식 예복이었는데 고심끝에 경상대학 학장을 만나 졸업 예복을 빌리고 예식장을 무료로 빌리기로 마음먹고 찾아가니 흔쾌히 수락을 받아 냈다. 그리고 국회의원과 기관장들을 초대하니 모든 어르신들이 참석한다고 하셨다.

졸업식날 가운을 입으신 노인대학생님들. 식전에 나는 "입학식을 할 때 뵈었던 두 분이 작고하셔서 함께 하지 못함이 못내 아쉽다."라고 말하니 몇몇 노인 친구분들은 눈물을 흘리셨다. 그 모습에서 나는 가슴이 뭉클하고 그 정경을 아직도 가슴에 담고 있다.

식후 시내 악단들이 자청하여 찾아와 2시간여 여흥 프로그램을 진행해 주었다. 춤추고 노래 부르며 손을 맞잡고 너울너울 춤을 추는 모습, 여기가 천국이 아닌가 싶었다.

졸업식이 끝나자 경북 도내 신문들이 졸업식을 기사화하고 시내에 만남의 자리에는 대화의 꽃을 피우기도 했다.

1981년도까지 3회의 졸업생 약 300여 어르신들을 모셨으며 영주바닥에서 지인이 많아져 기성교회도 핍박의 수위가 낮아졌다. 이때 물심양면으로 도움 주신 분들을 다 기억이 안 나 열거 못 하여 송구스럽다. 안양사 주지 스님 그리고 유지 여러분께 감사드린다.

군 복무(服務)

1976년 영주 교역장으로 부임한 지 6개월 되던 5월 10일 입영통지서를 받았다. 육군 50사 122 연대 1대대 연병장에 집결하란다. 예비군으로 편입 5년 차가 넘어가고 있을 때이다.

경주에서 목회하며 계속 군부대 정신훈화를 하고 훈련 관리를 잘 하였는데 오자마자 입영통지서를 받은 것이다. 그래서 교구장님과 상의하였더니 두가지 근무를 해보자고 하셨다.

20일 도착하여 머리 깎고, 조를 짜고 다음 날부터 훈련에 임(任)하였다. 2일간 훈련 중에 연대 정훈 참모가 나와 6·25 기념 사단 내 웅변대회가 개최된다며 웅변 경험자를 찾았다. 연병장에 모인 1000여 명 중에 웅변해본 사람 손들어 하니 3명인가가 손을 들었다. 그중에서 연습 후에 1명을 뽑는데 내가 선택되어 10일간 연대 정훈 참모와 황성 공원에 가서 원고를 쓰고 외웠다.

훈련 종료 5일을 남겨 놓고 웅변대회를 실시하였는데 1등을 하여 강문구 대령(연대장) 상장을 수상했다.

21일간 훈련을 잘 넘겨 끝마치고 경주시 122연대 작전과에 배속을 받고 근무에 임했다. 토요일 12시에 기차를 타고 영주로 와서 주일 성수를 하고 설교와 심방도 주로 토요일 밤과 일요일 오후에 몰아서 하기로 하였다.

우선 훈련이 끝나고 김 대위에게 허락을 받아 대구 경북도 병무청을 방문하여 소집 경위와 동기를 따졌다. 주민등록표를 자세히 보라고 큰소리를 치니 위에 과장이 담당을 불러 의논하고 나왔다.

"나 당신들 용서 못 해! 지금 경북 경찰국에 전화해서 조사 나오라고 할꺼니까 그런 줄 아시오."

실은 경주에서 3년을 살았는데 병사담당이 자세히 못 본 것이 과실이었다. 2~3년에 전근 다닌 것을 주민등록표에 기재하여 누락이 전혀 없는데도, 꼼꼼히 안 살피고 소집 대상으로 도 병무청에 올린 것이 원인이었다. (당시에 나는 대덕군에서 2년 경주 3년 전입 전출을 잘하는 소위 안보승공 정신교육 교관인데….)

경주 월성 담당관은 면밀하게 주민등록 기록을 조사한 후 잘못된 소집임을 자인하며 고령자 소집으로 기간을 6개월로 조정하였다. 92853630 군번으로 (50사 122연대 1대대) 대한민국 육군 보병 현역 제대를 하였다.

1급으로 신체등급을 받고 신검 시 주니어 칼리지 졸업 학력이면 다음 해에 절대 소집 대상인데 한번 두 번 연기되며 예비군에 편입 훈련을 받기 시작한 것이 5년 차가 된 것이다.

당시 나는 충남 도내 시(市)·군(郡)부 승공연합 지부장으로 충남경찰국 안보요원으로 프리패스를 가지고 승공안보 강사를 하며 각급 학교, 군(軍), 기관, 기업체, 관공서에서 강연하는 애국자라고 자부하였었다.

황인태 국장(경찰대학 교수) 안보세미나

1979년 8월 여름 더위가 예사롭지가 않았다. 희방사 계곡 부석사 뒤 큰 산 피서지가 즐비한 영주 땅인데도 시내는 푹푹 찌는 더위였다. 이때 황인태(국제정치학 박사) 교수를 모시고 승공사상 안보 세미나를 개최하였는데 농협 2층 강당에서 120여 지방유지 분들이 모두 온 듯 보였다. 김성대 서장, 유호열 반공연맹 지부장이 축사해서 분위기가 아주 좋았다. 지부장이 연사 소개와 세미나 개최하는 의의를 설명하고 강의가 시작되었다.

"국제정세로 본 한반도 정세."

농협 대강당 120명

황인태 교수의 해박한 국제 정세, 시국을 보는 통찰력, 유창하고 지성미 넘치는 열강은 지역에서 보기드문 세미나였다. 저명한 연사를 초청한 승공연합 영주시 지부도 찬사를 많이 받았다.

황인태 교수는 한반도가 현시점에서 어떤 자세를 가져야 하는지, 즉 거짓 사상인 공산주의 사상은 비판(批判)을 넘어 극복할 수 있는 대안을 교육하고 전 국민이 총화 단결하는 길만이 우리가 선택할 최선의 대안임을 주장하였는데 우레 같은 박수갈채를 중간 중간 수차례 받으며 연설을 마쳤다.

강의가 끝나자 기관장들과 인사 교류를 하며 만찬을 하고 우애를 돈독하게 가졌다. 시 지부 현황과 교육 시스템에 관심을 표명하는 유지가 다수 있을 정도의 큰 성과를 거두었다.

김도완 총장 시국 안보 강연회(영주극장)

1980년 2월경부터는 사회정화 운동이 전국적으로 전개되었는데, 나는 영주 봉화 예천 3개 시군의 시국 강연 특별강사로 특명(特命)을 받아 활동했다. 주로 시장, 군수 이하 전 공무원을 대상으로 사상 및 멸사봉공(滅私奉公)의 자세로 애국헌신(愛國獻身)

하여야 할 시국임을 강조하는 특강을 하였다.

80년 6월 25일에는 김도완 총장을 모시고 영주극장에서 시국 안보 강연회를 열게 되었다. 청명한 날씨이기는 해도 유난히 더운 날씨라 걱정이 많이 되었다. 800석 영주극장을 빌려 시·군민을 초청하였는데 자리를 채울 수 있을지 걱정도 되었다. 감동적인 분위기로 유종의 美(미)를 거두어 하늘에 봉헌해야 하는데 때는 비상 계엄령이 선포된 시기였고 시·군 단위로 활동한 전적이 있었지만 걱정이 되어 김 서장을 찾아 의논하였다. 협조는 한다는 답은 들었다. 그리고 기관장들과의 회동을 주선하도록 부탁을 하여 고급 일식집에서 모여 취지를 설명하고 인원동원 계획을 의논하고서야 안심이 되었다. 이후 안동○사단장(계엄 소장), 시장, 군수, 서장, 대대장 등과 회동하고 나는 준비를 더 챙겼다.

강연회 당일, 하늘이 도우셨는지 강연장은 입추의 여지가 없는 만장의 성황이었다. 연사 김 총장님도 열변을 토로하셨고 식장은 강연 중에는 쥐죽은 듯 조용하면서도 중간중간 힘찬 박수 소리가 쏟아지기도 했다. 강연 내내 잠시도 숨돌릴 수 없는 긴장의 시간이 이어졌다. 행사가 끝난 후 800명 극장 행사는 영주가 최고였다는 말을 듣고 고무되기도 했다.

리동통민(里洞統民) 승공안보 세미나

80년 초 전국 리동통민 세미나를 시행하였다. 영주 영풍군은 320개 리동통이 있어 지부장 혼자는 물리적으로 시행하기 어려웠다.

나는 읍면동 지부장 22명을 급히 소집하여 3시간 동안 교육하고 교안을 만들어 수차례 대표를 세워 강연을 시켜보고 암기까지 하게 하여 세미나를 주관하게 했다. 1개소 당 20,000원을 경비로 지급함을 알리고 현수막 1개와 간식비 1,000원 등의 비용을 공제하고 우선 10,000원씩 지급하며 철저한 준비를 당부하였다. 사진 촬영 방법도 자세하게 알려주어 헛수고가 되지 않도록 하였다.

주로 저녁 시간을 활용하는 관계로 하루에 한 곳에서 세미나를 진행하면 보통 10일이 걸린다. 최대 보름이면 승공안보 세미나를 마무리할 것으로 예측하였는데, 봉현면 ○리와 사진을 식별할 수 없어 재실시(再實施한 ○리 2곳을 제외하고는 예측한 기간 내에 완료하였다. 교구로 결과를 제출하였더니 제일 먼저 그리고 완벽하게 했다고 엄 교구장님께서 말씀하셨다. 청년 식구 3명이 오토바이로 간식과 현수막을 운반하고 강의하기도 하였다.

또한 협회에서 약혼식이 있을때 교회 청년 중 최모군을 추천하여 약혼을 하고 돌아왔는데 그후로 교회 출석과 신앙 성장이 잘 안되어 고민끝에 상담을 했더니 본인도 자신이 없어했다. 그래서 본부 김봉철 가정국장님께 추천이 잘못되었으니 철회해 주십사 청했다. 협회에서는 약혼 지명 철회가 지극히 드문 일이라고 후문을 들었다. 아마 책임감이 투철하다는 뜻으로 이해가 되었다.

자랑스러운! 한국인 박보희 총재 강연회

1980년도 추석 무렵, 본부 계획에 의거 전국 30개 시군부 단위에서 박보희 선생 초청 강연회를 실시하기로 하였다. 개괄(概括)하여보면 한마디로 어느 집회보다 성공률이 낮은 집회이다.

왜냐하면, 박 총재는 Reverend Moon의 수제자요 보좌관이라는 직함 때문이다. 우리보다 규모가 100배쯤 되는 교단에서 결사반대할 수밖에 없는 분이기에 그렇다. 본부에서는 그래도 진행하여 최대한 성과를 낼 작전을 동원하여 성공하라는 지상명령을 내렸다.

나는 우선 식구들 그룹과 후원 가능한 그룹으로 나누어 작전을 짜기 시작하였다. 관건은 후원 그룹이 협조 후원을 얼마나 할까인데 후원 그룹을 다시 A, B, C로 구분하여 각 그룹에 잘 맞는 미션을 주고, 자주 모이도록 독려하고 회식도 하며 긴밀하게 활동하였다.

제일 문제는 적극 반대할 기성 교단인데 역시나 강연회를 준비하기 시작하고 5일이 지나자 큰일이 발생했다.

황○식 정보과장한테서 署(서)로 급히 들어오라는 전화가 와서 바로 달려갔다. 정보과에 들어가니 황 과장은 자리를 잠깐 비웠고, 정보 3계장이 전하는 말에 의하면 서장께서 보자 하였단다. 2층 서장실로 올라가니 손님이 있어 5분을 기다려 서장과 면담을 했다.

"김 서장님 무슨 일로…." 바로 자리에 앉으란다.

"실은 지난번 여러 가지로 지역 사회 안보 활동으로 고생이 많았으나 인사를 제대로 못하였다며 고생 많이 하셨습니다."라며 칭찬을 하고는 잠시 머뭇거리는 느낌이 긴한 이야기를 할 자세이다.

'그렇지! 무슨 할 말이 있겠지!'

무슨 말을 할지 들어 볼 생각으로 잠시 차를 마시고 있었다.

서장은 말을 머뭇거리더니 입을 열었다.

"거…. 황영대 전 농협 조합장을 아시지요?"

"예, 조금 압니다만……."

"무슨 세미나를 한다고 사람들한테 돈을 걷는다면서요?"

"잘 모르는 일인데 아직 그런 소식은 못 들었습니다."

방금 제일교회 강 장로(영주지역 번영회장)로부터 연락을 받았단다. 우리 쪽에서 찾아와 박보희 총재 특별강연회 추진을 하니 참석을 강요하더란다. 그리고 국제적인 인물이 오는데 무슨 준비라도 해야 하는 것 아니냐며 주변에서 찬조비를 내는 것을 보았다는 것이다. 이야기 서두를 들어 보니 무슨 말인가 알아들었다.

"서장님 잠시만요. 제가 확실한 경위는 알 수 없으나, 몇몇 분이 너무 좋아서 자발적으로 홍보(PR)하고 있다는 소리는 들었습니다. 하지만 금품 건은 와전된 것 같습니다. 제가 알아보고 오후나 내일 다시 찾아뵙겠습니다."

귀한 연사로 오시는 박보희 총재는 자랑스러운 한국인이며 미국 법정(法庭)에서 종교 탄압을 받는 문 선생님을 변호한 유일한 한국인이니 만남 자체가 영광이 아닐 수 없다며 자발적으로 찬조하신 분이 두 분 계셨는데 그 소문이 와전되어 경찰서까지 들어간 모양이다. 하지만 나는 이 소동을 계기로 더 열심히 홍보활동을 하게 되었다.

드디어 강연 날이 되었다. 시원한 이마에 키가 180cm 되는 훤칠한 서구형 체격의 박보희 총재께서 차에서 내려 극장으로 들어갈 때에는 이미 입구는 미어터지기 직전이었다.

박보희 선생의 안내 보좌는 김봉철 가정부장이 수고하셨는데 박보희 선생에게 식구들의 노력과 사정을 자세히 소개해 주어 사기를 진작시켜 주심에 진심으로 감사드린다.

나는 식장 연단에 서서 내려다보니 입추의 여지가 없이 만장한 상태로 쥐 죽은 듯 조용한 가운데 입을 열었다.

"존경하는 이문환 시장님 그리고 시민 여러분! 저는 세칭 통일교회 영주시군 책임자인 나영호 목사입니다. 그리고 영주에서 유일한 노인대학을 개설하여 현재 120명의 할아버지 할머님을 모시고 시내를 청결하게 하자는 運動(운동)을 한 지가 3년을 넘었습니다." 하고 인사말을 하자, 박수소리가 식장이 떠날 듯 울렸다.

"지금 제가 들고 있는 성경을 보십시오. 저는 이 성경을 1965년도 이 교회에 들어올 때부터 그대로 수차례 읽어 많이 헤졌습니다. 찬송가도 여러분이 가지고 있는 것과 똑같지요? 그렇습니다. 통일교회가 이단이라고 주변에서 말하는 사람이 있으면 확실하게 증거하여 주십시오. 그리고 같은 예수 믿는 사람들이라고요! 긴 이야기는 생략하고 엄일섭 교구장께서 연사 박보희 총재님 소개를 해주시겠습니다."

서장은 그 후 별말이 없어서 찾아가지 않았다. 그날 식장으로 와서 다 끝나고 저녁 만찬을 하며 만났다. 영주극장 800석을 꽉 채웠으니 감개무량 하였다. 실은 걱정이 되어 노인 대학생들 100여 명을 대기까지 시켜놓고 기다렸다.

박 총재님은 "제가 남미, 브라질, 아르헨티나 등의 국가에 국빈 자격으로 자주 가시는 문 선생을 보좌하는데, 가는 곳곳마다 환영하는 인파로 넘치고 있습니다. 카우사 운동과 어려운 어린이 그리고 양로원 돕기 운동을 하고 있습니다"라고 강연을 했다.

그리고 문 선생님은 하루 3시간 정도 잠을 주무시며 제자들을 교육하고 트레이닝을 시킨다며 소개하였다.

몇 년 전에는 한국 교수 수천 명을 알래스카 코디악에서 1주일간 교육 훈련을 시키셨는데 낚시 훈련을 하며 인류 식량은 앞으로 해양에서 발굴해야 한다고 강조하셨다고 한다. 지금 선진국 산업은 중노동이며 가족을 떠나야 하는 어려움이 있고, 수산업을 포기하기에 앞으로 인류의 식량난이 심각하다는 것이다.

땅에서 나는 식량은 한계에 와 있다는 것, 즉 환경 피폐화, 오염, 지구 온난화로 더욱더 악화될 것이며 이렇게 볼 때 수산업은 사실 무궁무진하다는 지론이 문 총재님의 생각이라며 학자들의 연구 노력과 실현 방법이 중요하다는 사실을 강조하기도 하였다.

100분 정도 구슬땀을 흘리며 열변을 토로하니 중간중간 박수가 터져 나왔다. 천연색 조명의 영사기를 이용해서 실감 나게 강연을 진행하셔서 하나도 지루한 감 없이 청강하였다.

박총재님의 의연한 모습과 땀을 흠뻑젖은채 열강하시고 눈물어리게 문총재님을 간증하시는 충정을 보았다. 자랑스런 한국인으로써 조국의 영광을 만방에 드러내시는 모습을 존경하지 않을 수 없다. 진정한 애국자요 효자이시며 식구들 사랑의 표본이시다.

저녁 6시부터는 지역 유지 및 기관장 25명을 별도로 영주 청솔회관에 불러 만찬을 하였다. 슬라이드 영상을 1시간 정도 상영하고, 진지하게 강연을 하고 기념 촬영도 하였다.

다음날 도미(渡美) 일정이 계시는데도 밤 8시가 넘어 교회에 와서 식구들을 격려하시고 상경을 하셨다. 이후 강연회 전 과정을 촬영한 사진첩을 만들어 증정해 드렸다.

교단이 반대하는 가운데 대성공을 거두었다. 성공한 원인은 무엇인가! '정성, 치밀한 계획, 끈질긴 활동' 이 3가지라고 생각한다.

실천하기가 지역 여건상 상당히 어려운 일이었다. 교단이 여러 수법을 써가며 반대하고, 애국자이자 자랑스러운 한국인을 핍박하려 하였지만 당당히 승리하였다.

이는 불철주야(不撤晝夜) 지성을 드린 권사·집사님들의 노고

의 힘이다. 신계순, 김월선, 명금호, 유명순, 장정열, 최세희, 이정자, 전○옥 권사, 권혁조, 조길성 장로 등 더 많은 분이 계시지만 기억이 감감하여 다 적지 못함을 이해해 주시기 바란다. 한마디로 통일 사역을 하며 가장 힘겨운 싸움의 전선이었다.

그리고 박대통령 서거후 각 시군청에서는 조문소가 차려져 있었는데 나는 노인대학생 동문 30명씩 조를 짜서 군청 회의실의 분향소에 조문을 가서 한번 더 노인 대학의 위상을 나타냈었다.

이러는 동안 유수(流水) 같이 5년이란 긴 세월(歲月)이 흘러갔다. 사회는 변화의 바람이 불어 시류를 따라 사회정화 운동이 벌어지고 나라의 기풍이 진작되어 활력이 일어나고 있었다. 이때 나는 영주, 봉화, 영양, 예천 등에 사회정화 특별강사가 되어 시군 기관장 기업체 장등 1000여 명에 시국안보와 이충무공 정신을 강연하였다.

소백산에는 하얀 눈이 덮여 있는데 읍내는 따스한 봄바람이 살

랑살랑 부는 1981년 3월 어느 날이었다.

갑자기 문경을 가자고 조인권 봉화 교역장이 찾아왔다.

"그래. 별 스케줄이 없으니 함께 가세!"하고, 동행을 하여 1시간여 만에 문경에 도착하였다. 김영섭 교역장이 시무하였는데 일면식이 없는 모르는 손님이 두 분이 계셨다.

한 분은 124 선배로 평택에서 철학을 하는 김○분이었고, 다른 한 분은 김 목사님의 형님이었다.

김○선배와 통성명을 하니 즉석에서 생시와 년월일을 물어 48 무자 5월 8일 10시라고 가르쳐 주었다. 그러자 대뜸 올해 북쪽으로 이사(移事) 수가 있고 직책이 바뀐다는 것이다.

뜻 밖이었지만 유념을 하였다. 실은 5년을 넘어서니 올해는 무슨 일을 하나 하고 마음으로 물어봐도 뚜렷한 것이 떠오르질 않았다. 한마디로 무념무상(無念無相)의 상태가 되었다.

5년간 영주에서 활동을 정리해 보면 서정화 내무부 장관 표창패를 받았고 대한노인회장에게 표창패, 영주시군 및 읍면장 감사장 16장과 국제승공연합 최용석 이사장 2회째 표창패를 받았다. 그밖에 경찰서장 등 많은 분께 격려와 후원을 받은것 같다.

내실 있는 자신으로 성장시키는 계기가 된 듯하기도 하여 후원 협조하여 주신 분들께 감사한다. 실은 시군에서 최고위 표창을 올렸는데 종교 색깔 때문에 심사위원들이 반대하여 배제되었다고 했다.

마지막
경북교구 교역장회의

최용석 이사장 표창패

그해 10월 말 교역자 회의가 대구에서 있었다. 오후 4시쯤 도착하니 벌써 동지 몇 명이 와서 담화하며 웃고 있었다. 1시간 후 회의가 시작되었다.

엄일섭 교구장님은 협회 소식으로 시작하여 각 교구 소식으로 마쳤는데, 협회에 10월 1일부로 대대적인 인사이동이 있어 이에 따라 지방도 큰 변화가 있을 것으로 보인다는 것이다.

인사이동이란 단어가 내심 불안했지만 내색하지 않고 말씀이 끝나시자 이어서 교역 활동을 보고하였다. 영주 보고는 다수 식구가 여러 행사를 통해 인연이 되어 입교하고 있고, 식구들이 활력을 얻어 예배 분위기가 한층 고조되었다고 보고를 하였다. 이후 7시에 회의가 끝나 저녁 식사를 하기 위해 식당으로 자리를 옮기려고 바깥으로 나오는데 교구장이 나를 불렀다.

"나 교역장! 내일 협회로 가보시오."

"예? 무슨 일인데요?"

본부에 근무하는 430가정 부장, 과장(部長, 課長)들이 모두 현지 목회자로 총동원되기 때문에 공석이 된다는 것이다.

서울 수도권을 복귀하라는 하늘의 명령에 따라 지방 식구들까지 동원하여 430여 동 단위 개척을 위해 목회자를 재배치하는 역사가 있었다.

나는 영주(榮州)로 돌아와 그날 저녁 늦게 상경(上京)을 위해 경부선 (부산—청량리) 열차를 탔다.

연초에 김상○ 선배가 이동(이사) 수(數)가 있다 했었는데 맞는 것 같아 내 팔자를 읽었나 싶었다. 밤 2시부터 6시까지 잠은 한숨도 오지 않아 꼬박 세웠다. 이재석 협회장님을 만날 생각을 이리저리하며 뜬 눈으로 청량리역에서 내렸다.

희뿌연한 서울의 아침 공기를 들이켰다. '이제 나는 서울로 와야 하는가 보다.' 이때 큰딸 신영이가 6살, 둘째 신이 2살, 아들 용진이는 등에 업힌 갓난쟁이였다. 서울역에서 내려 버스를 타고 청파동 쌍굴 다리를 지나 협회에 도착하니 8시가 되었다. 직원들은 2~3명 보였고 협회장님은 손님과 대화중이란다. 잠시 후 만나 동정을 서로 나누고 면담을 하였는데 협회장님이 사명을 말씀해 주셨다. 간결하고 정중한 자태이셨으며 면담(面談)이 아니고 임명(任命)하시는 것이었다. 지방 목회만 하였고 시골 태생에 지방 고을 수령(首領)에 불과한 소인(小人)을 사회로 말하면 수석장관과 같은 자리인데 어떤 인사 시스템으로 검증을 하셨을까? 10시발 경부선 열차를 타고 홀로 내려오면서 이 궁리 저 궁리(窮理)하였다. 3일 후 영주를 총정리하고 아이들과 함께 경상도 8년을 뒤로하고 서울로 향하였다.

1973년 추석날 순회 전도 단장을 마치고 대구의 새 임지 발령 후 꼭 8년이 지나 새 출발, 서울로! 올라가고 있는 것이다. 그리고 허언(虛言) 같지만, 대덕교역장 시절(71년도), 남경 마을 20평 정도 신 주택가에 이름은 잊어버렸지만 나보다 20세 연상의 정씨 어른과의 일을 떠올렸다.

한참 전도 말씀을 그분에게 전하였는데, 초면이라 한 번 더 방문하겠다며 헤어지려고 했었다. 그 어른신은 내 말을 잘 들으시고는 말씀을 하였는데, 그때 한 말씀이 나를 보며

"여기 있을 분이 아닌데! 서울에 있어야 할 분인데…." 하신 것이다. 하하!! 원리 말씀이 얼마나 유식한 말씀인가?

10년 만에 상경하며 우연 같지 않은 우연(偶然)을 당하고 만 셈이다. 참으로 걸어가는 人生(인생) 길이 마치 각본(脚本)따라 걸어가는 길임을 실감 하였었다.

8년이라는 긴 세월을 경상도에서 살면서 기억나는 것을 정리하여 보면 무엇보다도 지형상 산천경계를 구분하는 내부에는 반드시 바위가 들어있다.

경상도 사람들의 속 깊은 인심을 경험했고 말투나 어조의 표현력이 강하고 진실했다. 그러나 배포가 크게 느껴지며 사귀기엔 다소 시간이 걸린다. 지금 돌아보면 참으로 땀과 열정을 쏟으며 위하는 생활의 의미를 많이 느끼고 배운 값진 시간들이었다.

제3부
천명(天命)의 길에서

天命은 예지, 예정 없는 자리에 뚝 떨어지고

人生은 혁명적으로 따라야 한다.

서울 협회 본부 총무부서장 임용

이재석 협회장의 결연한 의지

나는 지방목회 12년만에 서울 협회로 상경하였다.(1969~81) 협회에서는 11월 23일부터 근무를 하였는데, 총무 주무과장을 시작으로 차장, 부장의 직명(職名)으로 일을 하였다. 부서는 인사과, 경리과, 총무과(관재), 차량계 등이었고 남녀 직원들이 함께 근무하였다. 전국에 교구·교역 교회는 200여 개, 기관 기업체 등 유관(有關) 단체가 20곳이 있었다. 당시에는 30대 그룹 정도였다.

총무부장은 협회장님을 지근에서 보좌하고 유지재단과 원활한 관계 유지, 청파동 저택과 신문로 저택, 한남동 공관을 수시로 방문하는 등의 주요 업무가 있었다. 당시 이재석 목사님이 협회장으로 계실 때 결연한 의지로 많은 선교사업들을 했었다. 선교비 월 1억원 지출과 수도권 복귀를 위하여 목회자 400명을 각 동에 배치한

놀라운 역사가 일어 났다. 한두 달 지나면서 선배님들은 전국 각지에서 출전하였다. 구약(舊約)성서 아브라함에게 "너는 갈대아 우르를 떠나 가나안으로 가라"와 같이 청천벽력과 같은 천명으로 선배 가정님들은 집과 가재도구를 팔고 직장을 사직하고 자식들은 휴학, 아니면 전학해서 서울로 속속 올라 왔다.

짐을 풀고 좁디좁은 전세·사글세 방으로 이주를 하였다. 400개 동에 식구들을 분산 배치하였으나 10명 안 팍으로 식구가 적은 지역은 2~3명이 광야(廣野) 같은 개척을 하게 되었다. 이재석 협회장님은 하루 보통 4~5시간 마라톤 부장회의를 하면서 계획과 실천 로드 맵을 도출(圖出)하시려고 고심(苦心)에 고심을 하셨으나 필자가 나 자신을 알듯이 섭리적 경륜과 일천한 학(學)지식(知識)의 30대 청년 참모들 이였으니 오죽하랴! 목회 현장에서 올라오는 사정들은 하루에 보통 10여 건으로 애로사항들이 많았다.

한마디로 경제적 문제가 제일 많았다.

협회는 사업부(事業部)를 신설하고, 협회 사업부장을 겸직하게 되었다. 주 사업으로 증산동의 삼정톤 공장을 개조하여 장미 슈퍼를 개점하였다. 우선 수도권 목회자 지원 자금을 마련하는데 초점을 두고, 길게는 협회의 운영 자립도(自立度)를 높이려는 의도(意圖)였다.

400명에게 매월 1억 원이 넘는 선교비 마련도 심각한 난관이었는데 사업부 수익과 6000 가정부인들의 휜드레이징 수입, 그리고 후배가정과 전식구들이 똘똘 뭉쳐 합심한 10의 3조 헌금으로 수도권 복귀의 통일 행군은 그래도 척척 진행되어 획기적 실적을 세웠다. 이재석 협회장님은 혼신을 경주하시며 수도권 복귀와 협회 자립이라는 숙원을 해결하려 노고(勞苦)를 다 쏟으셨다. 이 해에 존경하는 박종구 세계순회사(경북 교구장)님이 성화하셔서 파주원전에 모셨다.

개척 의지를 가지자 !

지난해부터 제2의 3차 노정이 시작되었다. 자녀 시대를 맞아 "우리를 새롭게 하소서"라는 주제로 전국 목회자가 한자리에 모

여 한마음 한뜻으로 뜻 성사를 다짐했다.

10월 20일에 선생님께서 위 가정들은 목회자로 복귀하라는 섭리사적인 결단을 촉구하시면서 한국교회는 새 시대를 향한 전환기를 맞이했다. 자녀들이 책임을 지고 섭리 역사를 이뤄가는 시대가 시작된 것이다. 섭리사적 전환기를 맞이하여 오시는 메시아를 대신한 종족적 소 메시아가 되어 하나님의 뜻을 이루어야 하는 막중한 책임과 그동안 배양해온 능력을 평가받게 되는 때이다. 우리가 수행해야 하는 책임량이 많았다. 전 인류에게 원리를 선포해야 하는 전도와 잃어버린 창조 본연의 인간성 회복을 위한 심정교육으로 인격자를 양성해야 하는 교육 활동을 전개해야 한다.

다음은 축복으로 참 가정 이상을 실현해 지상에 하나님 나라를 건설(建設)해야 하는 것이다.

1982년도 우리 협회 생활신앙좌표는 "가정교회의 승리"이다.

협회가 마련한 활동지침은 "전통확립, 교육강화, 실천생활"로 한국교회는 총력(總力)을 전도에 쏟아 식구라면 너나없이 모두가 긍지와 자부심을 가지고 전도하는 생활전통을 확립했으면 한다.

협회의 선교정책이 수도권을 중심으로 한 대도시 복귀에 일차 집중하여 260개 교회를 세웠으며, 지방 대도시에도 집중 섭리를 하고 있다. 선배가정은 목회 일선에서, 후배가정은 선교후원회 회원으로 민족복귀에 혼신의 힘을 다하고 있다.

하나님의 가호와 축복 은사가 풍성하리라 확신한다.

자녀의 책임시대가 82년의 봄과 함께 시작됐다. 대지에 씨앗을 뿌리고 땀을 흘려 가꾼다면 풍성한 수확을 걷게 될 것이다. 60년대에 원리를 선포하고 증거(證據)하던 심정으로 80년대에 가정교회를 꽃피우자. 실천 생활을 통하여 영근 열매가 되자. 새 출발은 스스로 개혁하는 의지와 자립정신이 조화를 이룰 때 성과를 이룬다. 우리 모두 전진하자.

협회 총무부장 나영호

6000 커플 축복 결혼과 일본, 자유중국 선교시찰

1982년 6000 가정 합동 축복식 실행위원회 총무 분과위원장으로 동참하게 되었다. 큰 행사를 자세히 보고 이를 통해 하늘이 함께하는 은혜를 보았다. 부인 전도 대원들이 생활 경제와 전도에 참여하여 전국적으로 활동을 하였다.

일본과 자유중국을 협회장님을 모시고 40여 명의 지도자들이 순방하는 기회도 있었다. 그때 있었

던 한가지 에피소드를 소개해 본다.

어느 날 본부교회 화장실에서 소변을 보려고 하는데 금방 이 협회장님이 들어오시며 하시는 말씀 "나부장 손을 먼저 씻고 볼일을 보나 아니면 볼일을 먼저 보고 씻나?" 갑자기 위생에 대해서 하문(下問)하셨다. "글쎄요 보통은 손을 씻고 볼걸요." 하고 바로 답변을 한 것 같은데 두고두고 생각이 나서 사석에서 유머로 써먹는다. 요즘에 와서 깊게 생각 한 것은 일보기 전에도 손 씻고 일보고 나서도 손 씻는 것이 정답이다라는 결론을 내렸다.

또하나는 이 협회장님께서 부장들에게 선물로 옷을 한벌씩 맞춰 주셨는데 "나부장!"하고 조용히 부르셔서 가까이 갔더니 이 색깔로 한번 더 입어 보란다.

'수석부장이라서 그런가?' 집에 돌아와 저녁에는 사업부장으로 장미 수퍼에서 밤 11시까지 근무하였으니까 겸직이라고 한벌 더 해주신 것이었다.

일본협회 환영식

전라북도 교구장(教區長)

1983년 11월 전라북도 교구장으로 시무하시던 양준수(72가정) 목사님이 협회 총무부장으로 오고 나는 전북 교구장으로 내려가게 되었다. 교세는 식구 수 약 3000명이었고 목회자 수는 40명이었다. 교구본부는 총무부장 이창열, 수련소 강사 권기남, 학생부장 양동희 군 등이 수고하였다. 1년 후 팔복동에 있던 일신석재 회사가 경기도 이천으로 이전하며 500명 정도의 식구가 감소하였다.

예술의 도시요 맛의 고장 이어서인지 전주는 더욱 정겨웠다. 전주는 후백제의 수도로 견훤이 건도(建都)한 곳이며 1392년에는 조선 이성계 태조의 본관이라 하여 완산 유수부로 불리기도 하였고, 경기전(慶基殿) 한벽루(寒碧樓) 등의 명승지가 있다. 전북교구는 오래된 교회로 식구분포가 안정적이고 노인대학을 운영하고 있었으며, 교회에서는 전주 시내가 한눈에 보이는 금암동에

복숭아 밭 언덕에 있었다.

큰딸 신영이가 금암초등학교에 입학하였는데 마침 담임교사가 우리 식구 이차남 권사 따님이었다. 기초 교육이 중요한데 김명순 선생님이 잘 지도하여 주어 아주 고마웠다.

시군교회를 모두 순회하여 보니 자립교회는 30%였다.

전라북도 임지에서는 몇가지 일들이 기억이 나는데 처음으로 기억나는 것은 부임한 지 3개월쯤 되었을 때 전주 관광호텔에서 100여 명 교수를 초청하여 "정통과 이단"이란 주제로 발표했던 기억이 있다. 발표자는 천주교 범 신부, 기독교 강 목사, 통일교 나영호 교구장이었다. 강좌 후 열띤 견해를 주장하며 한 시간 동안 좌담회를 가진 후 마쳤는데, 통일 원리에 대한 관심이 많이 있음을 피부로 느꼈다.

그 후 발령받은 그해 2월 초순경에 이재석 협회장님 내외분께서 초두(初頭)순시(巡視)를 각 부장들을 대동하고 순회를 오셨다. 교구 현안을 보고 드리고, 교역자 회의를 주재하시며 발전과 동력을 심어 주시고 일신석재 회사를 방문하시고 상경하셨다.

전주실내 체육관 세계대회 (12,000명 참가)

전주 시절에서 제일 기억나는 것은 부임 후 10개월 만에 전주 실내 체육관 행사를 주관하게 되었는데 실내 좌석 수가 무려 12,000석의 대규모 체육관 행사이었다. 전국 8개 시도(市道)에서 세계대회를 열고 있었는데 6회는 청주대회 7회가 전주 대회이고 그 다음으로는 광주 대회가 예정되어 있었다.

전북 도지부장은 허동근 씨가, 사무국장은 최덕만 집사가 맡았다. 회원 동원과 재정적 난관 타개 등 많은 어려움이 있어 지부장과 긴밀한 협조를 하였다. 대회를 준비하며 경남 창원 대회를 둘러보고 오기도 했다.

3개월 전부터 허동근 도지부장을 중심으로 시·군 지부장회의를 10여 차례하여 계획을 세워서 진행하였는데 막상 1주일 남겨놓고 점검을 해보니 몇 가지 문제점이 발견되었다.

첫째, 귀빈 의전 : 서울에서 전주까지 에스코트하는 문제.
둘째, 식장 좌석 : 내빈석에 의자 3,000석을 설치하는 문제.
셋째, 11월 21일 기상〈우설:雨雪〉 예측 : 버스 동원 시 장수, 무주, 진안, 순창 지역(산악지대) 도로상태 열악
넷째, 중식 대용식 준비 등

당일 날은 공교롭게도 전두환 대통령이 유성 연수원 순시로 고속순찰대의 에스코트가 불가(不可)하다는 연락을 받았다. 큰 문제에 봉착(逢着)한 것이었다. 전북 경찰청에서는 패트롤 카 1대도 지원 불가하다는 것이다. 별별

방법을 통해 고위직 인사를 동원해서 강구해도 전날까지 방법이 없다는 것이 지부장의 보고였다. 참으로 난감한 일이 아닐 수 없었다.

당시 상임고문이며 어르신을 가까이 영접해야 할 처지로 해결자는 나밖에 없었다. 서울 한남동에서 승용차가 무려 30여 대나 출발할 터인데 야단이 아닐 수 없었다.

본래는 중앙본부 섭외국의 소관인데 이전 대회 까지는 별문제 없었다고 한다. 밤새워 가며 창문 열고 하늘을 10번은 보았다. 눈이 오게 되는 날에는 인원 동원에 차질이 올까 봐 걱정되어 잠이 오지 않았다. 다행인지 불행인지 새벽 5시경 찬 바람 따라 흰 눈이 살짝 덮였다.

바람 따라 낮은 지대는 더 쌓이고 높은 데는 많이 없었다. VIP 에스코트를 위해서는 심고(深考) 한 끝에 직접 나가봐야겠다는 결론을 내리고 고속도로 순찰대를 찾아 나서기로했다.

전날 최덕만 사무국장이 교구로 와서 나와 동행하기로 하고 새벽 6시에 일단 고속도로에 같이 나가보기로 했다. 일단 부딪쳐 보자는 심산(心算)으로 나는 운전대에 앉았고 최덕만 국장은 조수석에 나란히 앉아 출발하였다. 금암동 로타리에서 회전하여 덕진 팔복동을 지나 완주군 삼례교에 들어설 때 속도 계기는 시속 60킬로쯤을 가리키고 있었다. 삼례교 입구에서 20미터쯤 들어서 진행 했을 때였다. 시야(視野)가 약간 희뿌연 해졌던 것으로 기억이 난다.

당시 나는 면허 취득 후 6개월이 안 되어 나름 조심(操心) 운전을 한다고 할 때이다. 그런데 시야(視野)에 밤색 제복 입은 감시병 같은 사람이 갑자기 다리 끝에 보이는 것이 아닌가. 나는 순간적으로 브레이크를 콱! 밟았다.

그 찰나 차가 제멋대로 지그재그(zigzag)로 3번이나 비슷한 거리 간격으로 다리 외벽에 닿을락 말락 춤추듯이 질주하다가 속력이 떨어지며 50미터쯤 와서 다리 끝에 멈추는 것이었다.

그때야 나는 오른쪽에 앉아 있는 최 국장님을 쳐다볼 여유가 생겨 눈을 들어보니 어디서 온 백색 미라가 앉아 있는 것이 아닌가?

"교구장님!" 최국장은 왼손으로 내 오른손을 잡으며….

"뭘 잘못 보셨어요. 오늘 죽었구나 했습니다."

"저 앞에 있는 저 사람 뭐예요?"

"사람이 아니고요. 안전 운행하라고 세워놓은 인형 아닙니까!"

"예? 인형이요? 저런건 처음 봐요. 사실 고속도로가 처음이에요."

"아! 참 그러시지요."

"아니 그런데 왜 차가 미끄러지지요?"

"교각(橋脚) 도로는 땅보다 온도가 떨어져서 살짝 얼어 있습니다. 절대로 브레이크를 밟으시면 안 됩니다."

"그래요? 오늘 제대로 잠을 못 자서 눈이 침침하네요."

"까딱하면 큰일 날 뻔했습니다. 아휴 십 년 감수했습니다."

실은 이날 저녁에 미국에서 대형 사고가 난 날이다. 이 행사에 식구들도 정성을 많이 드렸지만 허동근 도지부장(道支部長)의 헌신적 노고(勞苦)와 치밀한 지도력을 칭찬(稱讚)하지 않을 수 없다.

祭物(제물)이 될뻔한 사건

지금 생각해봐도 아찔한 사연을 이제야 지면에 소개하니 감개가 무량하다고 해야 할까? 맨 정신으로 쳐다 본 사람은 죽음의 사자가 앞에 어른거렸을 사건(事件)이었다. 이날 만일 교통사고 났으면 행사 전(前) 제물(祭物)이라 칭할 만한 사건이었다. 함께 죽었다 살아온 동지처럼 최덕만 국장님은 지금도 잊을 수 없는 분이시다.

20분쯤 지나니 여산 휴게소에 당도하여 두리번두리번 하다가 차 창문을 열고 나와서 앞뒤를 살펴보아도 잘 안 보인다. 꼭 만나야 할 사람 고속 순찰대 패트롤 카를 둘이서 여기저기 찾아 보니 식당 건물 옆으로 차가 한 대 서 있는 것이 아닌가? 급(急)하게 뛰어가 차에 노크하니 2분쯤 지나 창문을 열고 두 사람이 나온다.

"웬일이신가요"

"아 잠깐 면회 좀 하시지요. 나는 T 교회 전북 교구장입니다."라며 명함을 내밀었다.

"오늘 서울에서 귀빈 40여 명이 오는데 한남동에서 일행이 오다가 한남대교에서부터 흩어져 지금은 대전을 지난 시점입니다. 충남 경계에서부터 전주 실내체육관까지 에스코트 좀 해주실 수 있으실까요?" 하고 아침 식사라도 하시라며 흰 봉투를 내밀었다. 청렴 경찰인지 극구 사양하며 저희는 항상 식당에서 대놓고 식사하니 걱정하지 말란다. 야간 순찰을 했는지 덜 깬 잠을 머리를 비비면서 "지금 출발하시지요. 저희가 경계에서 일행을 안내하겠습니다."라는 것이다.

'아이고, 하나님(부처님이 나올 뻰?) 감사드립니다.'하고는 나도 따라서 경계에 다다르니 아직 한 대도 도착하지 않았다. 10시 10분 되니 맨 먼저 박보희 총재님 차량이 보이고, 이어서 홍성표 사장님, 그리고 VIP 차량과 이재석 협회장님, 다음으로 노벨 프라이쳐 등 세계석학 분들 차량 20여 대가 도착하였다. 나는 얼른 일행 앞으로 달려가 부모님과 일행에게 정중하게 인사 올리고 패트롤카를 앞세워 체육관으로 출발하였다.

체육관에는 10시 30분에 도착하여 귀빈실로 입장하였다.

나는 실내 체육관 내에 몇 명이나 집결하였나 걱정도 되고 궁금

하기도 하여 허동근 지부장을 불러 물었다.

"얼마나 왔습니까?"

"약 10,000명 정도는 왔는데 아직 다 오지 않은것 같습니다."

예상했던 대로 장수, 진안, 무주에서 오고 있는 버스 30여 대가 조금 늦는다고 연락이 왔다. 마침 입구에 박동하 비서가 계서서 에스코트 차량을 좀 부탁한다 말하고, 귀빈실에서 준비 상황을 보고하였다. 잠시 후 행사장에 나와 한 바퀴 둘러보고 안으로 들어왔다. 허 지부장에게 진행 상황을 확인하고 들어가 보고 드렸다.

11시가 되어 연단으로 일행을 안내하였다.

이사장님 인사, 경과보고, 총재 특별 강연이 진행되었다. 만세 삼창은 상임고문 겸 교구장인 내가 하였다. "지금부터 제가 선창하면 만장하신 여러분께서는 제창하여 주십시오."

제일조, 조국 통일과 국가의 안녕을 위한 총화단결을

제이조, 5000년 유구한 역사를 보호하여 주신 하나님을 위하여!

제삼조, 우렁찬 우리의 승공 안보의 함성으로 얼어붙은 북한 땅이 와르르 무너질 수 있도록 만세!

온 천지가 떠나갈 듯 박수 함성을 울렸다. 체육관 관계자의 말에 의하면 체육관이 생긴 이래 관(官) 행사 빼놓고는 제일 많이 모였단다. 식이 끝나고 다시 귀빈실로 VIP 20여 어르신들이 모두 모여 승리의 자축(自祝)으로 특별히 전주에서는 처음으로 12만 원에 준비한 5단 케이크를 잘랐다.

부모님 승리 만세!, 승공 연합 만세, 전북교구 만세를 외치고 기념 촬영을 하였는데 교구장 내외와 촬영을 하고 케이크 커팅하는 전체 모습도 찍었다.

행사의 특징을 요약하면 시·군부 인원동원이 자발적으로 소그룹을 형성하여 참여하였고, 전주에서는 특히 전북대학교, 우석대학교 등 학생들이 수업을 빠지면서 대회에 참석 하였다.

눈은 내리고 에스코트가 전혀 안 되는 악조건에서도 만장의 성황을 이루었다는 점은 특기할 만하다.

고속 순찰대가 안내하며 실내 체육관 내로 들어오자 북부서 경비과장이 미안한지 숙연해 했다. 게다가 행사 후 다시 한 번 안내하기 위해 순찰차가 대기를 해주니 죄송한 마음이 그지 없었다. 광주로 안내까지 해주려고 패트롤 카가 1시부터 기다리고 대기하자 경찰국 담당들도 할 말이 없는 듯한 인상이었다.

평소에 서로 잘 지내다가도 내가(우리가) 어려울 때 손을 저만큼 빼는 세상 인심(世上人心)을 깊이 통감(痛感)하였다.

총재님은 신양파크 호텔에 여장을 풀고 주무시고 22일 광주 실내체육관에서 행사를 하기 위해 떠나셨는데 3시 30분경에 도착

하셨다. 순찰대 에스코트는 전주체육관에서부터 다음 행사장까지였다.

서울 한남동 공관에서 30여대로 총재님과 귀빈 노벨 프라이쳐들이 한남대교를 건너며 뿔뿔이 흩어져 호남 고속도로를 들어왔으니 에스코트가 이래서는 안되는 일이다. 그러나 현실을 직시하고 나는 충남과 전북의 경계인 논산 밑에 여산 휴게소에서 모두 한줄로 정렬시키고 고속도로 순찰대를 섭외하여 신속하고 편안히 체육관에 모시고 도착한 것이었다. 도착하니 절대 안된다는 에스코트를 어떻게 받았느냐 홍성표 귀빈께서 물어서 "정식은 안되니 비공식 작전을 썼습니다."라고 하니 대소하였다. VIP 안내만큼은 확실하고 정성스럽게 수행했다.

특히 부모님 일행을 모시고 가실 때도 안전하게 모셔다드릴 수 있었던 그 실(實) 경험은 오래오래 가슴 속에 남아있다.

그 후 몇 날이 지나고 한남동 모임 때 박 비서에게 그때 어떻게 하였느냐고 조용히 물었더니 빙그레 웃기만 하였다.

별로 깊은 설명도 안 했고 전혀 아는 사이도 아닌데 선뜻 의(義)로운 도움을 준 고속도로 순찰 대원에게 神(신)의 가호가 함께하길 빈다.

이차남 권사 추모비(追慕碑) 건립

부임하고 2년이 되어 갈 때 쯤 이차남 권사님께서 교회를 2주일 정도 못 나오신 것 같았다. 병원에도 다녀오셨다고 한다. 심방을 갔었지만, 병명도 알지를 못하였다. 그래서 큰 병이실 줄은 전혀 예상을 못 하였다. 새벽마다 혼자나 2~3명이 기도하러 나오시는데 참으로 걱정이 되었다. 회의, 순회, 서울 회의 등으로 어떤 때는 보름 정도 식구들을 만나지 못할 때도 있는데 그때도 자주 뵙지를 못하였다.

어머니같이 푸근하시고 말씀도 하시는 편 보다 들어 주시는 편이 많으신 분이다. 집에 비유하면 아버지는 자주 드나드실 일이 많지만, 어머니는 집안 지킴이 같이 언제나 안방에 계셔야 안심되는 법이다. 이 권사님은 집안의 어머니처럼 말을 안 해도 눈치로 제반 사정을 꿰뚫어 아시는 분이라 함이 솔직한 내 심정이다.

전주교회 기둥이랄까? 주춧돌이랄까? 무슨 말을 다 해도 부족함이 없는 어른이시다.

말씀을 깊이 생각하셨다가 하시는 성품이시고 나의 심상을 살펴보시며 조심스럽게 말씀하시는 모습이 역력하고 길게도 말씀하시질 않으신다. 다 잘 알아들으신 표정(表情)으로 짧게 마치시면 바쁘신 듯 어디 가실 양으로 급하게 움직이신다. 한참을 더 써도 부족한 실행록이신데 보고 들은 것만 을 언급한다.

순회를 나갔다가 돌아왔는데 권사님께서 위독하시다고 전화가 와서 급하게 갔지만 조금 전 운명하셨다고 하였다. 기도를 드려 보지만 돌아가셨음이 전혀 실감이 나질 않았다.

입교하고 개척 나가서 울어 본 후로 오랫동안 눈물을 흘리지 않았는데 권사님이 돌아가셨음을 실감이 나면서, 특히 입관 예배드리는데 눈물이 펑펑 흐르는 것이 아닌가.

왜 눈물이 나는지 나도 모르겠다. 닦아도 닦아도 계속 흘렀다. '나면서 이미 죽은 몸….'을 불러 드리고, '호산나의 새 영광을 부를 자 없으나….' 성가를 한참 부르자 눈물은 진정이 되었다.

전주교회를 생각하면 앞이 안 보이고, 심정을 토로할 심모(心母)가 안 계시니 가슴이 답답하여 왔다. '내가 심약한가? 이러면 안 되는데….' 예배를 드리고 얼른 총무부장하고 문인성 교역장을 불러 성화(聖華) 준비 절차를 의논하고 유족들과 협의를 하게 하였다.

권사님은 구만리 교회와 내주교회, 송광교회 3곳을 개척하셨다. 교회당을 내 손으로 세우시고 청년들과 장년들을 말씀으로 양육하셨다. 전도한 식구 수는 당시 80여 명이 넘었고 음으로 양으로 도움을 받는 식구 숫자도 수십 명은 넘는 것으로 파악되어 전북 교구장(教區葬)으로 모셔야 한다는 의견이 대부분이었다. 생전의 혁혁한 실적으로 보아 공덕비라도 세워야 한다는 생각으로 협회에 품의를 올렸다.

자녀들도 모두 성례를 다 치렀고, 교사, 사장, 법조인 등 가내(家內)나 외적으로나 완전하게 성공시키시는 등 하실 일이 더 없으시다고 말할 수 있을 정도셨다. 성서 디모데후서 4장 7~8절 말씀에 나오듯이 "내가 선한 싸움을 싸우고 나의 달려갈 길을 마치고 믿음을 지켰으니 후론 나를 위하여 의(義)의 면류관이 예비되었으니."라는 말씀이 떠오를 정도이다.

추모하는 분들이 100명 정도이신데 더 물어 무엇 하겠는가! 그래서 급히 협회로 문의 공문을 올렸다. 하지만 협회 사상 선례가 없어 결정은 유보되었다.

시급을 요(要) 하는 거사(巨事)라 궁리 끝에 교회역사의 핵심이 되는 역사편찬위원회 유광열 위원장님에게 문의하니 심고(審考) 끝에 추모비(追慕碑)가 최적합(最適合) 하다고 설명을 하시고는 조위(弔慰) 전보를 교구장에게 보내왔다.

내주교회 옆 산에 200여 식구들 추모예배

(1984년 4월 30일 소천) 쾌청한 날씨. 정성의 땀과 눈물이 어려 있는 식구들이 사는 고향집 같은 곳 죽절리 내주교회 뒷편 안식

의 보금자리에 추모비를 세우고, 제막식 겸 입적 예배를 드릴 때 200여 전라북도 전 중심식구 교역자들과 은혜입고 그리워하는 식구들이 모여들었다. 영계에 입적하시는 모습을 지켜보고 성천(聖天)을 빌어드렸다. 생애 노정에서 참부모님을 만나셨고 말씀 안에서 뜻을 이루시고자, 몸 마음 다 바쳐 충성, 효성을 드리신 이차남 권사님! 지상에서의 숭고(崇高)한 자태를 지켜 보았다. 떠나 보내는 내 마음속 권사님은 통일가(統一 家)에 보기 드문 소중하신 국보(國寶)이시며 길지(吉地)요. 안식처(安息處)이기에 부족함이 전혀 없어라! 눈물이 마른 나의 눈물샘을 복구하여 주신 권사님. 철이 나라고 일깨워 주신 심모(心母)님! 그 은혜 높고 크시다. 그 자비로우신 자태(姿態) 또한 존경스럽다.

권사님이 떠나신지 한참이 지난 2015년 11월 어느 날 밤 2시경 심각한 사안이 있어 담판 기도를 할 일이 있었다.

그날은 통성으로 기도를 하는 중 환한 빛이 보이며 작은 마루와 유리창 너머에는 형형색색의 계단처럼 보이는 건물이 보였다. 그 정경 속에 하얀 옷을 입은 기도하는 다섯분이 계셨고 그중에 이 권사님이 한가운데 계셨는데, 나를 살짝 보며 편안한 마음으로 기도를 하고 계셨다. 권사님의 위로하시는 표정이 내 마음에 쏙 들어왔다. 이후 나는 목표를 세워서 하던 기도를 중단하고 마음으로 용서하기로 하고 하늘 앞에 그 사안을 맡겨 버렸다.

20년 된 체증을 권사님의 권고하는 듯한 표정으로 마음을 바꿔

먹었다. '사람보다 더 귀한 것이 어디 있을까? 그렇지! 사람보다 더 귀한 것이 있으랴!'

권사님이 영계에서도 쉬지 않고 일하실 줄 짐작은 하였지만 역시 그러하셨다. 아주 단아하고 젊은 표정이셨다.

재물 천억금(千億金) 보다 기어 다니는 하나의 미물(微物)이 더 귀할 수 있다는 원리적 신념과 사람됨을 영 망각한 사안은 하나님께 맡기자는 자세를 터득하였다. 반평생을 신봉하는 천인(天人)으로서 그렇다. 칠 천근 갑주를 벗어 던지고 나니 내 마음은 억천만 근의 보화를 볼 수 있게 되었다.

그동안 하나님이 창조하신 생명이라며 생명을 경외(敬畏)한다는 생각을 하면서도 '가식적(假飾的)이었구나'하고 반성(反省)을 했다.

지리산(智異山) 천왕봉 기도회

한번은 전북교구 전 목회자 부부가 지리산에 간 적이 있다. 남원 백문동에서 내려 6시간을 걸어 세적산장에 6시가 되어 도착하였는

데, 우리는 천막을 치고 잠을 자기로 했다. 우선 남자는 텐트를 치고 사모들은 밥을 지었다. 백두산, 한라산 다음으로 높은 지리산 아닌가. '넘나드는 구름은 어데서 와서 어데로 가나! 산이 높아 너무 추워 산새들 다 이사 갔나? 바람 소리인지 나뭇잎 소리인지 분간 안 되는 산천 경계(境界). 이렇게 6시간 올라왔건만 저 하늘 끝은 어디일까? 1,000m 더 오르면 파란 하늘 붙잡을 수 있을까?' 어디까지 가면 신선님 만나 손을 잡을 수 있을까?

아무래도 나는 본래 시인(詩人)였나 보다. 아직도 시언(時言)이 줄줄 나오는데 계속 더 나열하면 망령소리 들을까 봐 중단할까 한다.

모두 30대 초 중반 혈기(血氣) 왕성한 나이였다. 천왕봉(天王峯)에 올라 큰 소리로 함성을 지른 후 바위틈에 꼭 박혀 남모를 기도와 소원을 빌었다. 기도는 그 깊이가 나이에 비례한다고 누가 말했는데 과연 그러한가? 사연 많은 사람은 기도의 수(數)가 많을 것이다. 눈물을 많이 흘려 본 사람이라고 잘 울까? 비슷한 비유가 될 듯하다. 30분, 1시간이 모자라기도 한 듯 어떤 친구는 정성을 들이는가 하면 어떤 친구는 이 언덕 저 언덕 사냥 나온 양 땀을 흘리며 운동하고 있다. 인생의 목적(目的)이 하나일 수는 없다는 듯…. 한

마디로 추억을 겹겹이 쌓아 갈려는 심산(心算)은 확실하다.

이때 한 젊은 사모가 운동화 말고 여름에만 신는 슬리퍼 신발로 등반한 것이 생각난다. 대원사에서 세계 7대 계곡이라고 하는 칠선계곡(七仙溪谷)으로 실상사(實相寺)를 관광하며 하산 하였다.

두 번째 등반(登攀)은 하산을 법계사(法界寺)로 함양 진주로 돌아온 기억이 선하다.

그 후부터 나는 등산을 즐겨하기 시작했다.

전북시절 제일 기억에 남는 산이 모악산인데 모악산은 해발 793.5m로 넓은 평야 지역에 우뚝 솟아 있다. 그 물줄기는 호남평야의 젖줄 역할을 한다. 고어(古語)로 엄뫼를 의역하여 '모악(母岳)'이라 하였다. 영험한 기운(氣運)이 뭉쳐 있는 명당으로 증산도를 비롯해 숱한 신흥 종교를 탄생시켰고, 이상적인 복지사회를 제시하는 미륵 사상이 개화되기도 하였다.

또한 모악산은 난리를 피할 수 있는 명당이라며 각종 무속 신앙의 본거지가 되어 한때는 암자가 80여 개나 있었다.

모악산 도립공원(완주군 구이면)에는 전주 김씨 김태서의 묘가 있다. 김○성의 32대조가 자리하고 있는데 재미있는 이야기 한 토막을 김대중 대통령 자서전에서 인용한다.

2000년 6월 14일 방북(訪北)한 김 대통령과 김정일 위원장의 막판 회담 의제는 주한미군 문제였다. 서로 양보할 수 없는 문제였는데 이때 김정일 위원장의 일단(一談)으로 분위기가 누그러졌다.

"대통령과 제가 본은 다르지만, 종씨라서 잘 통한다는 생각이

듭니다."

김 대통령도 무엇인가 걸맞게 응해야 하는 상황이었다. 순간 당황했으나 전주에 김일성의 선조 묘가 있다는 것이 떠올라 되물었다.

"김 위원장의 본관은 어디입니까?"

"전주 김씨입니다."

"전주요? 그럼 진짜 전라도 사람 아닙니까? 나는 김해 김씨요. 원래 경상도 사람인 셈입니다."

갑자기 경상도 김대중, 전라도 김정일이 되면서 분위기가 부드러워졌고 회담은 순조롭게 마무리되었다고 한다.

1985년 3월 말에 나와 문인성 교역장, K 장로 셋이서 임실 저수지를 옆으로 전주 남쪽 모악산(母岳山)을 등반하였다. 한국의 남쪽답게 남향 언덕은 푸른 새싹들이 뾰족하게 나오고, 죽은 줄만 알았던 작은 나무들도 가지 끝에서 어떤 기운이 보인다. 200m 지점에 작은 절(寺)이 있는데 사람들이 수십 명은 오가며 불공(佛供)을 드리느라 분주하다.

우리 일행도 불당 옆에 가서 묵념을 드리고 산길을 더 올랐다. 정상에는 군부대가 크게 자리하고 있어 구경거리가 별로 없다. 그래도 가장 높은 곳으로 가서 1시간 정도 사방(四方)을 유심히 관찰을 자세하게 하였다. 금산사 방향으로 내려오면서 왜 이름이 모악산인가에 대한 심오한 전설이 있다고 들었는데 지금은 전혀 생각이 나지 않는다.

30분 남짓 걸어 내려오니 김제 금산사 경내로 들어왔다. 사찰을 자세하게 관찰하느라 1시간 가량 시간이 흘렀다. 나무 미륵 부처님 불상, 대웅전 요사채 등을 돌아보고 버스를 타고 전주로 들어왔다.

오자마자 샤워를 하고 잠시 서재에서 쉬고 있는데 따르릉 전화벨 소리다. 얼른 받아보니 박동하 비서 목소리다.

오랜만의 목소리라 반가워 격앙된 목소리로 "예!" 하고 응대하니 교구장 내외만 중앙로 전주비빔밥 집으로 오라는 것이었다.

옷을 갈아입고 부랴부랴 승용차로 달려가니 10여 분 후 아버님을 뵐 수 있었다. 짙은 선글라스와 바바리 검은색 코트 차림이셨다. 옆에 한 분이 계셨는데 윤세원 박사였다. 정중히 인사드리고 교구 실황을 보고 드렸다.

보고사항은 이랬다.

1. 교역 14곳 지교회 26곳 40개 교회 재적 3000여 명 예배 인원 2500여 명. 일신석재 이전 이후 500명 감소했으며 지금도 복구가 덜 된 상태.

2. 선생님 신앙과 사상 세미나로 인식개선 종교지도자 위상 정립을 제고했으며 윤 박사 중심으로 교수분들 노고가 컸다.

3. 전주 인구 40만 예술 문화도시이나, 산업 공단 전무(全無)로 활력이 없어 기업이 세워진다면 발전할 계기가 될 것.

4. 이차남 권사 추모비 제막식 등을 자세하게 보고 드렸다.

아버님은 이차남 권사님 보고 내용에 한동안 묵도하시었다. 아버님, 윤 총장과 우리 내외, 박동하 비서가 비빔밥으로 식사를 하며 여러 말씀을 듣고 물어보고 마친 후, 나는 아버님께 전주 관광과 경기(經紀) 등을 상세하게 소개하며 교구 방문을 말씀 드렸었는데 옆에 있던 비서가 서울 도착하실 시간이 예정되어 있다는 것이었다.

그때 아버님께서 "아이들이 몇인가?" "4남매 딸이 셋입니다." 말씀드렸다. 아버님이 사모를 한참 쳐다보시며 한 손을 상의(上衣) 속으로 만 원권 한주먹을 꺼내 사모에게 주시는 것이었다. "큰 재목이 집 안에 있구먼. 잘 키워라" 하시며 자리에서 일어나셨다.

우리 내외는 시내를 벗어나 호남 제일문 지나서 차에서 내렸다. 아버님 차가 안 보일 때까지 두 손을 흔들어 하직 인사(人事)를 드렸다.

그 이후로 부모님을 뵐 기회가 또 생겼는데 1985년 5월 20일 임실교회 이병완 장로님이 교구에 오서 "제가 소를 키우는데 참부모님께 황소 한 마리를 진상하고 싶다" 라고 말씀을 하셨다. 너무 고맙고 감사하여 즉시 이재석 협회장님께 보고하고 일본지도자들이 들어와 회의를 하고 있다고 하시며 22일날 올라 오라고 하셨다.

이 장로님과 22일 새벽에 전주 도살장에서 만나 전주에서 서울 한남동에 갈 승합차를 수배하였는데 마침 정주교역장 강기범씨가 승합차량을 운행 중이어 직접 운전을 하고 올라 갔다.

한편 이병완 장로님은 새벽에 일어나 특별 기도를 하며 황소를 목욕시키고 하늘의 제물을 차에 싣고 전주 도살장(屠殺場)에서 정성스레 부위별로 구분(區分)을 하여 10시 경 서울로 출발해서 한남동 부모님 저택에 도착하고 제물(祭物)로 드렸다.

면단위 교회 순회

부임 직후 일괄적으로 순회를 하였고, 이후에는 1년에 1회 정도를 순회하며 교회 생활의 어려움을 극복하는 모습을 격려하고 식구님들 신앙교육을 중점적으로 하였다.

전북은 나의 조상님 고향이다. 전주교회에는 너무나 기억하고 싶은 분이 많다. 교회 교회마다 3분씩만 열거하여도 100명은 이름을 올려야 한다.

3년간의 아쉬운 정(情)을 남기고 다시 협회로 복귀하였다.

지금도 기억에 생생한 동지들, 천군 용사(天軍 勇士)들 정재룡 교역장, 권용안, 김형관, 문인성, 이인규, 서정원, 황태연, 강기범, 임성송, 정영구, 김남수, 전용술, 김병화, 권기남, 이창열,김영두,

김용호 그리고 중심 장로 김용호, 교회장 최현식, 박성필, 박병옥, 송영선, 이대현, 황진심, 정하복, 손영태, 홍성환, 김삼열, 김상덕, 한석범, 신정식, 강석구, 박상진, 김진구, 최광열, 전덕제, 배춘기, 김영두, 윤우영, 유영배, 유정기, 은영창, 이휴래, 이대래, 박동윤, 곽형근 김중렬, 김명관 장로, 이중희 교수님, 신남철, 최윤섭, 김시중 장로, 함 권사, 하분임, 나금만, 안병오, 임이녀, 최부학, 김옥자, 장금순, 홍덕표, 김근자, 이화순, 허호자, 박묘희, 강정순, 정영순, 오종옥, 신금순, 신순자, 정은지 님, 최덕만 국장, 권사님, 양동희 청년, 선배 기동대원님, 전도 대원님들, 그리고 하늘을 위한 정성과 헌신 봉사하신 모든 분의 노고(勞苦)에 충심으로 감사드린다.

제4부
수택리 505번지 중앙수련소

86 4 10

유서(由緖) 깊은 수택리 505번지

5년 전 협회 부장으로 지방에서 올라올 때도 최연소 총무부서장으로 부임하여 정수원 부장(36가정)의 업무를 김용성 과장으로부터 인계를 받았는데 업무가 하도 다양하여, 한 달여를 살펴보아야 했었다. 이번에도 이요한 중앙수련소장님께서 보시던 업무를 사실상 대행해야 하는 직무로서, 그 무게가 천근만근이 아닐 수 없다.

21일 협회 수련 과정이 주 업무이긴 하여도 각종 교육까지 통괄(統括) 하여야 할 기관이었다. 공문 집행 부서에서까지 잘못된 발령으로 오인(誤認)하여, 전례상 부소장이어야 맞는다는 재차 시정(是正)공문을 만들 정도였었다.

서울로 와서 청파동 전 본부교회 영빈관으로 쓰던 빨간 벽돌집에 이삿짐을 풀고 수련 강의를 시작하였다. 수련은 청파동 본부교회에서 2회를 마쳤다. 21일 수련이 끝날 때는 청평 천성산 기

도회를 전 수련생을 데리고 다녀오곤 하였다.

4월부터 수택리 중앙수련소로 옮겨 교육하였는데, 식당 숙소가 구식이긴 해도 역사(歷史)와 전통이 깃들어 있고 부모님의 땀과 정성, 그리고 선배님들의 정성이 얼룩져 있다는 사실이 귀한 것임을 통감하였다.

19살부터 백묵을 붙잡고 칠판에 붙어 땀방울이 송울송울 맺히게 강의했던 시절이었고, 당시 수택리 강당에 울려 퍼진 내 음성이 지금도 쟁쟁하게 들려온다. 가끔은 일화에 근무하는 친구들과 함께하고, 어떤 날은 직원들과 쉰 목을 달래려 팔당댐 근처로 점심을 싸가지고 가서 맛있게 먹곤 했는데 그 추억은 그 무엇과 바꿀 수 있으랴!

2,000여 명 넘는 전국의 식구들과 상담을 하며 일일이 기록한

노트를 펼쳐 보면 추억은 아련한 것이 아니라 확연한 역사임을 새삼 자각(自覺)하며 놀란다.

이요한 목사님과의 天緣(천연)

이요한 목사님 (통일 신학교)께서 가까이 계셔서 주야로 설교를 하시도록 스케줄을 짜 수련생도 지도하여 주셔서 천만 다행(多幸)이었다. 마음에 콕콕 와 닿는 단어와 화술은 흉내 낼 수 없을 정도로 충격을 주셨다. 교회 안에서 설교는 제일이신 것 같다.

이요한 목사님과의 인연은 자꾸 소개해도 늘 설레이고 재미있다. 1970년도 21세 때 상경하여 "목회란 무엇입니까?"로 첫 상면이 있었고, 72년 신탄진 교회에 침례교인을 지도하기 위해 순회오셨고, 5년 후 1974년 경주교회 목회 할 때는 목사님께서 찾아주셨고, 86년(15년 후) 4월엔 수련소와 신학교가 한 건물을 같이 쓰며 매일 뵙게 되었다. 국보(國寶) 같으신 이요한(李耀翰) 목사님과의 인연을 천연(天緣)이라 해야 할 것 같다.

내가 생각하는 이요한 목사님은 기성교회에서 신학을 공부하시고 우리교회에 들어와 초창기에 문선명 선생님을 만나 직접적인 원리의 내용이나 섭리적인 내용을 들으신 분이기 때문에 우리가 생각하는 원리의 이해와 깊이가 차원이 다르다는 것을 설교를 들어보면 금방 알 수 있다.

우리는 대부분 목회를 하면서 원리를 배우고 실천하면서 조금

씩 깊게 터득하는 고로 많은 시간이 지나야 제대로 깨달게 되어 있다. 그래서 이 목사님의 설법과 지도가 꼭 필요하다 하겠다.

초창기에 나는 원리강론을 읽고 강의 위주로 실천을 하기 때문에 대부분 원리에 대한 이해나 깊은 생각을 하지 못하여 나 스스로도 이요한 목사님을 찾아가 **'목회란 무엇입니까?'** 가르침을 청했다.

이후 목사님께서 특별한 생각이나 뭔가 석연치 않은 답을 주실 듯 하여 내심 내내 기다렸지만 '별다른 방법은 없다'가 답이라면 그것이 답일 수 있다. 그후 경주에 찾아오셨을 때도 내심 중요한 이야기를 해주실것 같았지만 답은 없었다. 나는 이후 원리강론은 스스로 통달하고 공부해야 한다는 신념으로 신학 개론 등을 익혀 왔지만 21살 때의 물음은 아직 스스로 답을 찾지 못했다 하겠으나 어느정도 이해가 가는 정도까지 왔다고 생각한다.

아마도 이요한 목사님의 답은 스스로 찾아가는 과정을 이해하라고 느끼는 것에 있지 않나 생각해 본다.

자꾸이야기 하다보니 부끄러웠던 생각도 난다. 수련소에 근무하고 있을때 신학교 직원 미스 한에게서 연락이 왔다. 목사님과 점심을 함께 하자는 초대를 받았는데 그때 나는 청파동에서 출퇴

근할 때였다. 내내 기억을 하다가 협회의 무슨 일이 있어 깜빡 잊어버리고 목사님을 기다리게 한 죄송(罪悚)을 범하였다.

연락을 미리 하여야 했는데, 궁한 변명을 한 후 얼마 지나 점심을 다시 초대해 주셔서 맛있게 먹었으나, 죄송한 마음에 지금도 생각하면 얼굴이 화끈거린다.

유효원 협회장님의 설법(說法)

오래된 이야기지만 한마디 언급을 한다. 원리의 심오(深奧)한 독해(讀解)와 강의는 유효원 협회장님이 으뜸이시다. 순회시(時)에 설법을 접해보면 그 깊이를 측량하기 어렵고 머릿속이 맑아진다.

1968년도 충남지구 순회 때 설법을 1시간여 대전 예식장에서 하셨는데, 시종(始終) 심오한 말씀과 예화를 적절하게 들어가면서 좌중을 은혜의 도가니로 이끄시며 감명(感銘)을 주신 그때를 나는 잊을 수가 없다.

후에 사길자(史吉子) 사모님께서 펴내신 『원리에 관한 말씀 간증』이란 책도 필자는 금옥(金玉) 보서(寶書)처럼 애독한다.

원리 수련 강의를 하면서 항상 염두에 두는 바는 내 심정의 기준을 상대방 수위(수준)에 두고 시작하여 이끄는 것이다. 강사와 상대성을 띨 수 있으면 시간이 잘 가고 마음에 와 닿는 인력이 발생한다.

인력(引力)과 차력(借力)이 팽팽하다가 수평이 깨지면 흐르게 되고 움직인다. 강사와 청중의 관계(關係)도 예민하게 인지(認知)하는 공부가 필요하다. 예감(豫感)이라는 심리 상태도 연마하면 할수록 계발(啓發)된다. 같은 사람이 있을까? 누구나 없다고 말할 것이다.

우연(偶然)이 있는가! 이 우주에 필연만 있다고 장담할 수 있는가? 나는 그렇다고 말함이 옳다고 생각한다. 아무도 계산할 수 없기 때문이긴 하지만 기실(其實)은 그렇다. 혹시 하나님이 그렇다고 말씀하신다면 몰라도 그렇지 못하다고 본다. 물론 원리라는 과학은 충분히 용인 못 할 것이다. 원리 공부를 하면서 초기(初期)에 생각하고 정리(整理)한 몇 가지를 적어본다.

제일장 닭이 먼저냐 달걀이 먼저냐!

"먼저는 닭이다!"

학창 시절에 '달걀이 먼저냐? 닭이 먼저냐!'라는 물음에 열띤 토론을 했던 경험이 있을 것이다. 비슷한 학우들이 앉아서 토론한들 답(答)이 나올 수는 없는 일이다. 원인과 결과로 생각하여보자. 달걀이 달걀의 직접 원인이 못 된다. 그런데 닭은 닭의 원인이 될 수 있다. 또한 달걀은 닭의 원인이 되고 닭은 달걀의 원인이 된다.

결론적으로 생산 기능면에서 보면 확실해진다. 즉, 달걀은 그 기능이 닭을 생산할 기능이 없으며. 일년·백년이 가도 달걀은 달걀 자체일 뿐이다. 그러나 병아리는 자라서 닭이되고 자동으로 무정란이든 유정난(有精卵)이든 달걀을 생산하는 기능이 있어 낳고 또 낳는다. 달걀 속에 닭의 유전인자가 들어있다고 선후를 논할 수는 없다. 결론적으로 애당초 닭이라는 산란의 구조 기능 체(體)가 존재하였기에 성장기를 통과한 완성한 닭이 있기에 달걀이 존재 가능했다는 것이다. 그러므로 "닭이 먼저다."가 정답이다.

제이장　죄 고통 사망의 문제!

이 타이틀은 우리 인간의 최대 문제이다.

'인간은 죄와 고통의 굴레에서 벗어나 살 수 없는가?'

세상 만물을 다 가진 자라도 고뇌의 인생을 살다가 숨이 멎어 죽을 순간에 허무한 삶이었고 잘못 살았노라고 후회(後悔)하며 세상을 떠난다. 이에 대해 인생의 문제, 선악의 문제, 사후의 세계를 논하는 수련소장(所長)으로서 창조 원리적인 관점에서 잠깐 논(論)하기로 한다.

흔히 기독교인(크리스천)들은 인간인 아담과 해와가 에덴동산 가운데 있는 선악을 알게 하는 나무의 실과, 즉 선악과를 하나님 말씀을 어기고 먹었기(墮落:타락) 때문에 고통과 죄는 물론이고 사망이 왔다고 말하며 이것이 원죄가 되어 자자손손(子子孫孫) 유전(遺傳) 되어 왔다고 믿고 있다.

첫째 사망 문제부터 논하겠다.

육체적 사망은 보편적인 것으로 이는 우주 만물 만상을 살펴보면 알 수 있다. 물질적 존재 가운데 영생(永生)하는 존재는 하나도 없다. 모든 만물은 유한(有限)하다. 인간만 유일하게 육체까지 영생한다면 우주 창조의 공평성이 훼손된다.

원리(The Divine principle)는 확연하게 말한다. 모든 존재, 즉 하나님께서 창조한 존재(피조물:被造物)들은 내성(內性)과 외형(外形)으로 인간으로 말하면 마음과 몸 이중구조(二重構造)로 창조하게 되었다는 것이다. 동물도 본능성이란 내성과 체라는 외형으로 이루어져 있고, 식물, 광물, 분자, 원자, 소립자까지도 그러하다. 몸이라고 부르는 육체는 마음의 완성 때까지 필요한 존재이다. 나무와 열매로 비유하면 잘 이해가 될 것이다. 열매가 영원히 나무를 필요로 하지 않는다는 것이다.

이렇듯 하나님의 창조원리로 볼 때 육체란 마음의 영혼이 완성 때까지 한명(限命)적으로 필요하게 창조된 것이다.

하나님은 에덴 동산에 살던 아담과 해와에게 "선악과를 따 먹는 날에는 정녕 죽으리라"라고 하셨다. 성경에 아담과 해와는 930살까지 살았다. 가인과 아벨, 셋의 세 아들을 낳아 그들과 함께 살았다. 문자대로 복숭아를 '실과(實果)'라고 믿는 신도들도 있다. 과일을 따먹은 것과 육체적 사망과 죽음 그로 인한 고통, 불안, 공포 등은 상관이 없다.

둘째로 죄, 고뇌, 고통의 원인은 무엇인가?

흔히들 술, 마약 등을 통하여 극복하려 하는데 이것이 가능할 것인가? 결론적으로 그런 처치 방법은 동질·동요소가 아니므로 불가능하다.

에덴동산에 살던 아담과 해와는 창세에 하나님과 항상 동행 동생(同生)하며 동산에 있는 나무의 이름 짓는 것을 지켜 보고 지근(至近) 거리에 살았다.

그렇다면 '유토피아란 어떤 세계인가?' 아담과 해와의 유소년 시절에 행복은 무엇이었을까? 아침에 일어날 때 동산의 아름다운 산 과 들, 꽃, 벌, 나비들이 너울너울 즐겁게 노니는 모습을 보고 싶은 마음. 온갖 동물들의 아름다운 자태들. 근심, 걱정, 두려움, 공포,안타까움, 미움 등 말로 표현된 부정적인 것들 하나 없는 그들이었으니 말 그대로 낙원(樂園)이었다. 우리도 그리운 어린 시절로 돌아가 보고 싶은 생각은 참으로 간절하다.

성경 창세기 3장 1절 내용 말씀을 보면 간교한 뱀의 꼬임에 빠져 해와와 아담이 말씀을 어기고 선악과를 따먹고 눈이 밝아졌다. 전에는 벗었으나 부끄러워하지 않고 살았는데 이처럼 갑자기 다른 세상이 보이며 다른 생각이 들어오고 의식이 바뀌고 기준이 변하고 전에 알았던 모든 가치 기준이 총체적으로 무너지면 어떠하겠는가!

예를들면 온 세상을 보고 살다가 일순간에 두 눈을 까마득하게 실명(失明)했다고 생각해 보자. 하늘이 무너져도 온 세상 다 변해도 안 변하리라 철석같이 믿었던 사랑하는 연인으로부터 배신을 당한 사람은 죽음도 불사한다. 사랑과 죽음, 천당과 지옥. 이들 단어는 눈 깜짝할 사이에 결정되는 것이다.

동산에서 아담과 해와는 선악과를 따먹는 순간에 모든 것을 잃었다. 사랑, 행복, 웃음, 만족, 믿음, 따뜻한 여유, 인내, 겸양 등 모든 좋은 단어를 일순간(一瞬間)에 빼앗겼다. 잃어버린 것이다. 어찌하면 좋을까? 바로 우리의 할아버지 할머니께서 당한 일이다.

결론적으로 선과 악, 의와 불의는 하나님 말씀을 믿고 순종하느냐! 아니냐에 달려있다고 하겠다.

환언(換言:바꿔 표현)하면 인간의 모든 문제 해결은 인간만물을 창조하신 아버지 하나님에게 물어야 답이 나온다는 말씀이다.

신학(神學)은 제학문(諸學門)을 시녀(侍女)로 거느리고 있다는 말이 맞다. 로마서 1장 20절 이하에 '창세로부터 그의 보이지 아니하는 것들 곧 그의 영원하신 능력과 신성이 만드신 만물에 분명히 보여 알게 되나니 그러므로 저희가 핑계치 못할지니라.'라고 하였다.

시계가 고장 나면 집게나 망치나 송곳으로 못 고친다. 시계 기술자나 생산자에게 가야 하듯이 이러한 문제는 사람 낳은 부모님께 가봐야 신통치가 않다. 왜냐하면 부모가 자식을 낳는 수고는 죽을 둥 살 둥 하셨지만, 이는 하나님께서 부여하여 주신 능력을 발현한 것뿐이다.

필자가 유년 시절, 한여름 더위에 땀을 뻘뻘 흘려 손으로 비비

고 만지면 얼굴이 지저분해진다. 어머니께서 "영호야 우물가로 가자" 하시며 손을 끌어 깨끗하게 해주려 하셨는데 그러면 나는 "엄마 귀찮아 죽겠어요!"하고 소리를 지른 적이 있다. 어머니는 깜짝 놀라시며 "그래 그래 알았다. 나중에 씻고 싶을 때 말하렴." 하며 물러나셨다.

속으로는 어머니께 걱정을 끼쳐 드렸음을 뒤늦게 알았는데 불쑥 나온 말이라 몇십 년 동안 나는 별생각을 하지 않고 지냈다. 다섯 살 때니까 "이 녀석! 이리 오거라" 하며 강제로라도 하실 수 있었는데 어머니는 한번도 나에게 강압적으로 하지 않으셨다.

지금도 '왜 그러셨을까?'하는 생각이 든다. 나는 이런 말을 하고 싶다. '겉은 낳았으나 속까지는 안 낳은 것이 아니고 못 낳는 것이다.'라고 말이다. "어린 꼬마가 고분고분하게 말듣지 않고…."라고

하실 분도 있을 것이다. 그러나 타고난 성품이나 인생의 갈 길은 하늘과 나만이 아는 것이다. 나의 딸들이나 며느리는 어떻게 아이들을 건사(manage Preserve) 하고 있는지 궁금하기도 하다.

8대 七七七커플 회장 당선(當選)

1986년 10월 21일 수련소장 재직 시에 중앙수련소 강당에서 70년도 결혼 축복받은 동지들의 16회 기념일 총회를 하였다. 축복결혼식은 장충체육관에서 올렸지만 가정 총회는 주로 수택리 수련소에서 한다.

중앙수련소는 수택리 505번지다. 통일신학대학이 한 번지 내에 있다. 400여 명의 형제들이 모여 식순에 따라 총회를 하고 임원회장단을 선출하는 해였다. 七七七커플 회장에 절친이며 선배인 최정열 동지가 출마하였는데 이분은 상장회사 한국 T(주) 대표이사로 기업 기관을 잘 아는 분이다.

나는 목회 공직을 주로 밟아온 경력으로 서로 대조적이다. 정견 소개, 찬조 발언 등을 하고 투표하였는데 10표 정도 차(差)로 내가 당선되어 8대 중앙회장을 인계받았다. 한국 회원 1,100여 명의 명단 임원 비품 등을 살펴보고 인수하였다.

한남동 공관을 방문하여 부모님 양위분에게 상황과 계획 보고 드리고 기념 촬영을 하였다. 양위분 모시고 저녁 만찬을 할 때 대표로 기도하였다. 식중에 갑자기 "너 노래 잘하지?" 하셔서 "잘은 못하지만, 부모님 전에 큰 영광입니다."라고 말씀드렸다.

"노래 잘 하는구먼!"

이날 만찬 식중(食中)에는 비목(榧木)을 불러드렸다. "노래 잘 하는구먼" 하시었다. 마주 보면서 칭찬은 자주 듣지 못하였는데 칭찬을 해주셨다. 70년에도 '오늘도 걷는다 마는 정처 없는 이발길~' 노래와 '아아~신라에 밤~이여'를 불러 드린 적이 있다. 그때는 칭찬을 안 하신 것 같은데…. 무지개 책자를 드리고 총회 사진첩을 하나하나 설명도 해드렸다.

협회 21일 수련생 지도 훈화(訓話) 120명

중앙수련소장으로 근무할 때 수련소에 수련생들이 입소하면 나

는 전체적으로 계획하고 체계적인 교육방법을 고수하였다. 여기 단편적으로나마 교육했던 훈화(訓話)·서술 형식으로 기록해 본다.

"여러분 밤에 잠이 잘 오든가요? 무슨 고민이 있는 사람 있으면 말해보세요. 오늘 새날이 밝아 오는 새벽에 우리 생활을 돌아다 보면서 '미래를 어떻게 준비할 것인가!' 를 생각해보겠습니다."

"수련회의 역사를 살펴보면 1~4차는 선생님이 직접 지도하셨습니다. 지도자로서 실전을 대비한 수련(修鍊)이었습니다. 말씀을 듣고 기도하고 체력단련을 하면서 진행을 하였습니다."

"'99번 잘 지나왔어도 끝에 한 번 쓰러지면 무슨 소용이 있겠느냐', 사탄이 들어오려고 틈을 엿보고 있으니 말입니다. 사탄이란 존재가 이 강당 안에 있을까요? 없을까요? 있습니다. 보입니까? 네 맞습니다. 나와 여러분의 마음 안에도 있으니 분명 있는 것입니다."

첫째 우리는 긍정적인 마음자세가 필요합니다.

초창기 수련을 앞에 소개하였지만 지금 우리의 수련은 교육이라 말해야 맞다 하겠습니다. 교육장이 덥고 잠자리는 모기도 있고 쾌적하지는 않습니다. 힘이 들 것입니다. 그러나 참아야 합니다. 긍정적인 마음으로 감내해야 합니다. 긍정(肯定)인 마음에는 힘이 들어옵니다. 자발력(自發力)이 생깁니다. 그리고 먼저 앞장서서 솔선수범하므로 타력(他力)도(칭찬, 자부심) 들어옵니다.

심각한 전선에서 밤늦게까지 작전을 짜고 2~3시에 잠자기 시작했지만 맨 먼저 기상하는 이는 누군지 아세요? 바로 사령관입니다. 주인의식(主人意識)을 갖게 되면 지치지 않습니다.

두번째 교육에는 피와 땀을 흘린다는 자세가 필요합니다.

이 자리 아니면 하늘의 비밀(천비:天秘)을 체계적으로 말씀하는 곳이 이 땅에는 없습니다. 일본과 미국에도 있지만, 여러분의 언어는 한계성을 들어냅니다. 땀 흘리며 고된 훈련 교육을 받은 병사는 싸움터에서 생존율이 높습니다. 6·25 때 학도병 이름으로 1주일 총 쏘는 것만 배우고 싸움터에 나가 희생을 많이 당했습니다. 희생(犧牲)이 무슨 뜻인 줄 아십니까? 바로 사망입니다. 고이고이 부모님의 사랑으로 보살핌에 성장한 16~7세 청소년의 목숨이 끊어지는 것을 말합니다.

지금 눈물과 땀을 흘려 수련 교육을 왜 철저히 해야 하나요! 살아서 지옥을 탈출하려면 꼭 그리하여야 합니다. 사탄 세력의 침입을 차단하고 악의 세력과 격전을 하려면 말입니다.

신앙에서 승리(勝利)는 인생에서 승리입니다.

먹는 것, 육신에게는 중요한 일입니다. 옷을 걸치는 것 잠을 자는 것 마찬가지입니다. 여기서 먹는 밥은 맛있습니까? 예, 그렇습니다! 모두 맛이 있다는 것입니다. 약간 눈치를 보는 분이 있는

것 같은데 맛은 있다는 것이네요. 왜 맛이 있는지 아는 사람 말해보세요.

"규칙적인 생활과 공(功)이 들어간 밥이라서 아닐까요? 또 다른 사람?"

"여러 사람이 함께 먹고, 마음이 긍정적으로 특히 만물(萬物)과의 관계를 알게 되어서 그런 것입니다."

"두 분 답변이 아주 원리적입니다. 그렇습니다. 다른 분들도 이렇게 이해하고 넘어 가야 하겠습니다. 여러분 밥을 생각해보겠습니다."

"한 알의 쌀과 콩, 보리쌀이 어떻게 나의 밥상에 올라오게 되었을까요? 설명해보실 분 있으면 말해보세요. 좀 복잡한 질문이지요? 우선 순서대로 보면 솥단지에서 불을 때니 얼마나 뜨겁겠어요(덥다라고 말할 수는 없다.) 살이 타도록 죽을 지경이었겠지요? 억지로 물을 퍼먹었을 것이지요. 운동(運動)은 적당히 했을까요? 과격한 운동을 했을까요. 앞에 앉아 있는 신혜양이 한번 말해 봐요. 누가 시켜서 했어요? 자발적으로 했어요?"

"강제로요"

"맞아요. 바닥에서 앉아 있으면 타죽게 생겼으니까 안타 죽으려고 회전 운동을 했다고 생각하는데 여러분 동의하세요?"

"예!"

"예, 더 이야기하려면 1시간은 해야 하는데…. 조금만 더 가봅시다. 뜸을 들인다고 하는데 눈물을 주르륵 흘립니다. 옛날 중학교 1학년 때 잠시 자취하는 친구하고 있을 때 땔나무가 부족하여 논밭 들에 가서 젖은 말목(굵은 막대기)을 뽑아다 불을 때면 연기가 메케하게 나고 잘 안 타니 입으로 호호 불어서 밥을 지어 본 사람은 눈물을 두 주먹은 흘렸을 겁니다. 이렇게 해서 한 그릇 하얀 밥이 상(床) 위에 턱 하니 앉아 있는 것입니다. 간단해요? 서로가 심사(心思)가 다르게 나를 쳐다보고 있는 것입니다 제가 교회에서 2~3 손가락 안으로 존경하는 분이 계시는데 이런 말씀을 하셨습니다. 21일 금식을 하시고 난 후에 하얀 죽을 상에 올려와서 기도한 후에 드시려 할 때 죽 안에 하얀 쌀알이 나를 먹을 자격이 있느냐? 하며 쾅! 소리가 나는데 쌀알이 꼿꼿이 서서 말하더랍니다. 여러분 무슨 음식 먹으려 할 때 무슨 소리 나요 안 나요?"

"안 납니다."

"다 안 나나요?"

"어디 아무한테나 말을 하겠습니까? 소귀에 경(經) 읽는 격일 텐데. 여러분 한번 들어보고 싶은가요. 오늘 나하고 같이 21일간 냉수만 먹으면서 금식(禁食)을 시작하여 볼까요? 할 사람은 신청하세요! 마지막으로 남의 정성을 먼저 생각해 봅시다.

'나'라는 사람은 누구인가, 어떻게 존재하는가? 본시(本始) 나는 없었다. 누군가의 정성과 공덕으로 나는 존재한다고 보아야 합니다. 밥그릇 속 한 톨의 쌀도 공덕이 그러한데 내 한 몸은 말할 것이 더 필요할까요! '천하 만유의 존재물이다.' 그러하다는 것입니다. 그 중에서 두 가지는 그 가치를 잘 이해하고 가야 하는데 첫째가 하나님이십니다. 둘째로 사람입니다. 남편 아내 자식 등등 이번 수련(修練)과정을 통해서 확지(確知) 확신(確信)을 갖고 생활에 변화를 불러일으켜야 하겠습니다. 약속하지요!"

"예!"

1986. 8.21

중앙 수련소장 훈화

다시 일선 목회로
(서대문 교구장, 문래 교회장)

발령이 나지 않았는데 하루는 조봉제 목사님이 수련소로 방문하셨다. "소문(所聞)에 나 소장이 문래로 온다는데?"

나는 "하늘이 명하면 가고 말고요." 바로 단언했다. 조금 놀라는 듯한 모습이었다. 아마도 오지는 않을 것을 예측하고 오신것 같다. 교구도 교역도 아닌 교회장으로 오겠는가?

얼마 안 지나 발령이 나서 두말하지 않고 부임하였다. 부임했을 때 기억나는 식구님들은 서재술 장로님 가정, 유희중 장로 가정, 이진웅, 남장로, 최대우 장로, 안 장로, 반시용씨 가정 등이 기억이 난다. 이 문래교회에서 5년간 시무를 하고 서대문 교구장으로 발령

이 났다.

그 후 1990년 3월에 전국 대이동이 있었다.

홍성표 협회장님께서 부임하여서 순시와 독려로 교회 분위기가 진작되고 있었다. 서대문교구 순회시 교회위치를 보시고 길에서 멀리 떨어지고 길마저 좁고 차량 통로가 없다는 점을 보셨다. 이전 계획을 세워보자고 말씀하셨다. 돌아가시고는 3일이 지나 김봉철 총무국장께서 협회로 들어오라는 것이다. 신속하게 달려갔다. 서대문 교회의 위치가 두 사람이 걷기도 어려운 골목길에 어둡기까지 하다며 보고를 드렸다. 그리고 가능하면 독립문 사거리나 신촌 쪽으로 건물을 매입해서 이전 한다면 어떻게 할지 여쭙고 보고를 드렸다. 협회에서 교구 본부교회를 신촌 학사교회로 이전하라는 명령이 났다고 국장님이 말씀하셨고, 열흘 만에 이사하였다. 학사교회는 좀 어두운 4층 단독 건물로서 1층에 로비 사무실이 있고 2층은 사택과 주방이 있었다. 3층은 학생들의 원룸으로 되어있는 구조였고 4층은 성전이었다.

당시 학사교회는 협회 소속하에 있었고 모두 교회라는 이름으로 들어와 있었는데 학생들이 주로 예배드리고 어른 식구는 극소수였다. 식구들과 의논하고 학사교회장과도 의논 후 바로 이전하고 정비하였다.

전 식구를 동 단위 교회로 분할하여 개척을 하고 교회들이 모두 10명 안팎으로 예배를 드리고 있었다. 학생들과 사정을 나누고 식구는 작은 수지만 일 당 백을 감당할 식구 아닌가? 귀하고 정겨운 신앙 길을 가는 동지들이다. 이사 와서 순회하며 지역을 관찰하고 어떤 방안을 모색하는 찰나에 지상 최대 명령이 떨어졌다.

문래교회 식구들

제5부
'저녁 달, 새벽 별' 시련과 은사

환고향 섭리와 공직 퇴임

400여명의 목회자가 일시에 사표를 내고 교회에서 2세 후임자를 위해 나가야 하는 아주 큰 충격적인 사태가 벌어졌다. 비어있는 현장은 2세 목회자와 젊은 신임 목회자 군으로 교체하였으나 빈 교회가 다수 있어 다시 현장으로 복귀하는 사례도 있었다.

나는 목회의 길만 걸어 온 사람으로 나이 43세였다. 40대 초반 나이가 퇴직할 나이인가? 당장 할 일을 찾을 수 없어서 여기저기 못가 본 곳을 답사하여 보았다. 일단은 해방감에 젖어서 무엇을 할지 고민이 되었다.

임도순 회장께서 연합회장 제의가 있었으나 사양하였다.

고2, 중2, 초등6, 초등4. 딸, 딸, 아들, 딸 네 녀석을 건사할 일이 작은 일인가? 세계일보 연수원에서 전 목회자가 모여 말씀을 들었다. 결론은 "환고향 하라!"였다.

고향 떠나온 지 어언 30년…. 시골에 가면 집을 장만하여야 하

고 자녀들을 모두 전학을 시켜야 하는데 생활 근거지를 만들기가 만만한 일이 아니었다.

홍○ 장학금이란 것을 깨서 만든 자금 400만 원을 받아 왔다.

그러나 자립 기반을 위한 전세금이나 생활 여건을 만들 자금(資金) 등은 구할 수가 없었다. 어쨌든 바로 교회를 나올 수 없어 1년 6개월쯤 신세를 지며 궁리를 모색하였다.

제2의 인생 전농동으로

교회를 나와야 했기에 여러모로 방법을 찾아 봤지만 막막하였다. 그래서 가족 친지들에게 어렵게 사정을 말하고 전세금을 빌려 돈을 조금 마련하였다. 애들 학교 교육 때문에 신촌 바닥에서 방을 구하려고 돌아 다녔으나 어림도 없었다. 그래서 여기저기 수소문 끝에 15계단 내려가는 지하 방 2칸 짜리를 어렵게 구했다. 그러나 방이 3개는 되어야 해서 다시 서울 이곳저곳을 수소문하여 지인(知人)을 통해 구한 것이 배봉산 전농동 산 아래 도로가 상가 빌딩 5층 집이었다.

싼 전세라 도배와 장판은 알아서 하고 살란다. 이삿짐은 지문웅 형이 용달을 해서 부탁하였더니 흔쾌히 도와주셨다. 용달비를 준 기억이 없는 것으로 보아 공짜로 해준 것 같은데 하도 오래되어 기억이 안나지만 참으로 고마운 분이다. 그리고 아는 분이라며 도배까지 70만원에 완전 해결해 주어서 이삿짐을 풀었다.

아이들 학교도 전농동 쪽으로 전학을 마치고 나니 이제는 살길을 찾아야 했다. '무엇을 하며 산단 말인가!'

그후 전농동에서 10년을 살았는데 그때를 생각하면 하늘의 별처럼 추억이 많다.

집 하나 해결하니 '이젠 무엇을 먹을까하는 고민(苦悶)이다.'

17살에 교회를 알고 20살부터 교회 일만을 하였는데 참으로 앞이 캄캄하다. 흔히 사업은 자금, 기술, 노동력이 있어야 한다는데, 있다면 숙련 안 된 노동력 밖에 없으니 큰일이 난 것이다. 당장 무엇이라도 해야 한다는데에서 더 큰 문제가 생겼다.

한편으로는 눈을 감고 기도하며 많은 생각을 하였다.

이대로 '고향으로 가라' 하신대로 환고향 섭리따라 실천한다면 모두 보따리 싸서 금산 헌대리 마을로 들어가 적은 농토지만 농사 짓고 살아야 하나 그 다음은? 생각 할 수가 없는 지경이었다.

실은 집이 없었다. 논도 세 마지기(500평)로 여섯 식구 양식으로 많이 부족하다. 다른 일터를 구하던지 아니면 옛날 선지자들처럼 거리의 전도자 생활을 하여 하나님께 만사(萬事)를 맡기고 죽던지 살던지 해야 된다. 지금에 와서 깊은 회한(悔恨)은 이렇게 살아드리지 못했다는 점이다.

이 글을 읽고 있는 독자도 생각을 해보리라 짐작된다. 당시 두 갈래 길, 즉 서울에서 자식들 학업을 계속 이어가며 일터를 찾아 지금 살고 있는 형태로 살아갈 것이냐? 아니면 환고향의 길이냐?

성공율(率)이나 병행할 수 있는 방안 등에 대해 2년 가깝게 고민을 하였다.

결론은 '이대로 경제 전선으로는 갈수는 없다!' 였다.

첫째로 생각한 것이 러시아 옆에 있는 나라 카자흐스탄의 농업 이민 선교였다. 카자흐스탄 농업 이민 선교를 G회장께서 한참 이야기하신 적이 있어 선교와 공직만 살아온 입장에서 적합하다고 생각하고 재단을 찾아가서 G회장님을 뵙고 말씀드렸다. 즉답은 안하시고 생각을 하시는 모습이라 나오면서 "가능하다면 연락을 주십시오."라고 말씀 드렸다. 그리고 박종성 총무국장에게 G회장님께 드린 말씀을 설명하고 왔다. 일주일 후 한 번 더 답변을 받아 달라고 하면서 허락이든 무엇이든 연락을 기다린다 했다.

플라워 숍 오픈

그 후 한 번 더 여쭈어 달라 했는데 아무런 대답이 없었다. 마냥 대답을 기다릴 수 없었고 무엇이던 해야 했기에 시작한 것이 사업(事業)이랄 것도 없는 꽃집이었다.

꽃집 아저씨·아주머니가 되어 18년을 주(主)사업으로 해왔다. 본래 영농 계승을 위해 농학을 하였고 아내는 꽃꽂이 수학을 하였으니 시작이 쉬웠다. 더 중요한 것은 자본이 2~300만 원이면 된다. 건물가게가 있다면 말이다.

처음에는 원당초교 옆에서 1년을 하였는데, 당시 도로가에 대문을 뜯어내고 미닫이로 바꿔서 큰 글씨로 '꽃'자를 쓰고 1평 되는 가게를 만들었다. 세 안 들이고 도로가라서 오래하고 싶었으나 주변의 민원이 자주 있어서 1년 만에 800만원을 벌어 두 번째 인헌 중·고교 앞으로 갔다. 가서보니 남녀공학이라 꽃이 예상외로 안 팔리고 도로에서 너무 깊숙하게 들어가 있어서 주문을 위주로 하게 되었다.

1년 만기에 간신히 빠져 나오게 되었는데 이렇게 하면 안된다는 교훈을 배웠다. 그래서 다음번에는 점포를 여기

저기 오래도록 찾아다녔다.

2,000만 원 보증금을 벌어 옮기려 하는데 마땅치가 않았다. 결국 삼성동 봉은사 사거리로 이전을 하였는데 1년 만기가 될 때 건물이 은행으로 넘어가게 되었다. 그런 관계로 청량리로 오게 되었고 10년 넘게 역사(驛事) 내에 있는 땅에 구조(構造)하여 사업을 다시 시작 하였다.

청량리는 보증금 3,000만 원에 월세 40만 원으로 바쁘게 움직여야 했다. 안으로는 아이들을 가르치며 나날이 희·애·락(喜·哀·樂)이 겹쳐서 오는 날들이었다.

60세에 뜻하지 않은 롯데 건물 공사 현장 불이 옮겨와 화재를 만났었다. 이때 직업을 계속할거냐 아니면 전환을 할 거냐 고민을 많이 했는데, 나이로 보아 몇 년 더하다가 끝내기로 결론짓고 당분간 계속하였다.

지난 날을 돌아보며(무지개지 수록 글)

1965년 여름이 지나면서 마음이 허전한 때가 있었다. 마음이 흡족하지가 않아 교회를 찾아가려 하고 있을 때 고향 사람이라며 하숙집에 학생 손님이 왔다.

인도자를 따라 선화동 지구본부로 찾아가서 원리를 접하게 되었고 농업 전문대학 졸업 년도인 1968년까지 부흥회, 수련회에 참가하여 많은 감명과 은혜를 소나기처럼 받았다. 그 인도자는 이병규 교수다.

1968년 40일 하계 전도를 공주 우성면 대성리로 발령을 받고 소재지 초등학교에서 칠판, 분필, 지우개를 얻어 마을회관에 짐을 풀고 낮에는 논밭에서 노력봉사를 이어갔고 야간에는 원리강의와 노래 등으로 40여일을 반은 굶고 반은 얻어먹고 지냈다.

그때 한건수 지역장님께서 찾아와서 학생지도와 강의 등을 도와 줄 것을 부탁하였다. 그 기간을 보내면서 심령의 키는 쑥 자랐다. 그해 9월부터 충남지구 홍종복 지구장님 밑에서 전도부 차장, 대동 구역장으로 생활을 하며 70년 축복 때까지 20여회의 전·후편 수련강의를 담당하여 땀과 눈물과 은혜로운 목회의 길로 입문하게 되었다.

1970년 7월 첫 월요일부터 토요일까지 7일 수련 전·후편 14강좌를 20명 안팎의 수련생에게 하고 있었는데, 목요일 오후 나세창(1914년생) 부친께서 타계하시려 한다는 전보를 받았다. 나는 5남매 중 3남 막내였으며, 부친은 30km 떨어진 금산군 북면 두두리에서 농업에 종사하였다.

홍○철 지구장 사모님이 금요일 밤 10시경 전과정 원리강의를 마치고 나니 조용히 와서 전보 내용을 알려주어 "아 그러시냐."라고 대답을

하고 잠시 하나님께 한 영혼을 부탁드리고 맡긴다는 기도를 드렸다. 부친께서 운명을 하실때 막내아들이 손이라도 잡아주기를 주변에서 바래서 전보를 쳤는데 오지 않았다고 하였다.

토요일 새벽 금산 행 버스를 타고 새말에 내려 큰 산을 뛰어넘어 9시경 고향에 도착하니 상을 치루고 삼우제(三虞祭)를 가려는 중이었다.

20여명의 동네 친척, 이웃들이 막내아들의 마지막 얼굴을 보게 하려 7시간이나 기다리다가 염을 하고 관 뚜껑을 닫았다고 전하며 어디서 무엇을 하다 이제 오느냐고 한마디씩 하였다. 포천 송우리에서 군대 생활하던 중형(명호)도 상(喪)을 함께 치렀다고 하며 나는 지방 순회중이서 전보를 접하지 못했노라고 둘러대야만 했던 45년 전 집안일이 생생히 기억이 난다.

죽은자는 죽은자로 장사지내다

부친의 숨이 넘어가던 그 시간 아들 영호는 수련생에게 새 진리인 원리를 목이 터져라 전하고 등줄기에 진땀을 흘려가며 부활역사를 하고 있었던 것이다. 성경 누가복음 9장 60절 "죽은자는 죽은자에게 맡기고 너는 하늘나라를 전파하라!" 예수님의 말씀을 정확히 실천하고 있었다.

그 후 1991년 환고향 섭리 시작까지 25년 여를 목회 생활을 하였는데 요약해보면 1969년 1월 유효원 협회장님의 지역장 대리 사령장을 받은 이후 충남지구 부장, 대덕교역장, 충남 순회전도단 1기·2기 인솔, 경북교구 수련소장(교구장 박종구), 경주 교역장, 영주 교역장, 협회 총무과장, 부장(당시), 전북 교구장, 중앙수련소장, 문래 교회장, 서대문 교구장을 역임했다.

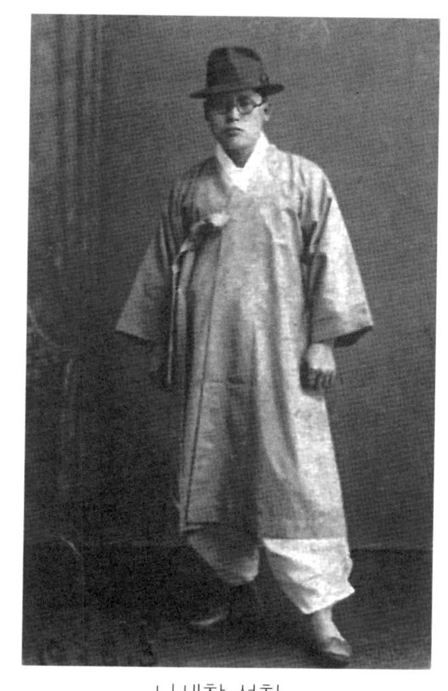

나세창 선친

교회생활을 주로 하다가 2세 후임에게 인계하고 나와서 신촌에서는 거처를 마련할 형편이 안 되어 한 달 여 서울 시내를 돌고 돌아 전농동 배봉산 밑에 상가건물 5층 이사하여 고 2 신영, 중 2 신, 초 6 용진, 초 4 신혜 모두 전학하게 하여 제2의 생활이 시작되었다.

10여년 동안 이 집에서 살았는데, 3년 되던 해부터는 주방과 안방의 천장에서 빗물이 새어 비닐 포장을 치고 물동이로 물을 받아 비워가며 5년을 살아야 했다. 건물주에게 천장을 고쳐 달라하니 싼 전세에 살고 싶으면 고쳐서 살란다. 고칠 능력은 안 되고 썩은 냄새가 나고 벌레들이 기어 다니다 방바닥에 떨어져 아이들이 기겁하던 일이 자주 있었다. 주거는 어쨌든 해결 되었으나 당장 의·식 생활이 문제였다.

농학공부하다 17세에 입교하여 목회생활만 하여 궁리 끝에 아이엄마가 꽃꽂이를 배운 기술로 플라워 샵을 하기로 정했다. 그러나 어디서 시작해야 할 것인가. 점포 구입이 문제였고 거래처 확보 등 막상 사업을 하려 하니 참 머리가 아팠다.

문제는 돈이었다.

무슨 수를 쓰든 1달에 150만 원 수입은 되어야 하니 하루 50,000원 매상을 올려야 한다. 초보 사업자가 주말은 물론 명절도 가게 문을 닫을 수가 없었다. 이후 공휴일도 가게 문을 여는 집으로 알려졌다. 1년쯤 되니 소문이 났다. 교구장까지 지낸 사람이 일요일에도 가게에 앉아있다며 예배 1시간 드리고 뛰어 나와 앉아 있는데도 말이다.

뜻을 알고 자아를 찾아 완성하자. 수신제가(修身齊家) 잘하면 물질도 그 무엇도 따라 온다는 지론(至論)을 갖고 살면서 지금은 깜깜해도 분명 좋은 날 있으리라 그렇게 믿었다

꽃 가게가 있는 곳은 관악 교회 인근의 원당 초등학교 옆이며 순환 도로가였다. 봉천동에서 755번 버스 막차를 타고 제기동 미도파 백화점 앞에서 내려 버스가 있으면 타고 없으면 걷다가 뛰어 집에 도착하면 밤 1시 30분이 넘었다. 샤워만 하고 자고 새벽 5시 기상하여 기도하고 내가 먼저 가게로 나왔다. 집 사람은 도시락 싸서 꽃시장에 들렀다 오면 주문을 처리하곤 했다. 이런 생활을 10여년 넘게 하였다.

꽃가게가 보기에는 좀 화려하게 보인다. 향내도 나고 보기도 아름답게 보인다. 그러나 실제 10년쯤 해본 사람은 알 것이다. 꽃다

발이나 꽃 한두 송이만 파는 것이라면 그렇게 생각 할 수가 있다.

화환을 만들려면 꽃대에 오아시스 플라스틱 케이스, 철사 등을 사용하여 묶어야하고 맨손으로 300송이 정도를 가위로 다듬어 꽂아야 완성이 된다. 화환 3~4개 만들면 손이 남의 손이 된다. 그리고 차가운 물에 하루에도 50번쯤 손을 담갔다 꺼냈다 하면 마치 엄마 흉내 내던 늑대 손과 같아진다. 그렇게 우리 부부는 작업해 왔다.

그동안 2,000여 개 화환을 제작하였다. 식장, 행사장 등 납품하다 보면 마음대로 될 때가 드물다. 배달 기사가 늦게 오거나, 교통이 막혀 식전에 미쳐 도착 안 되면 꽃집으로 전화가 빗발친다. 돈 못준다, 꽃이 다 시들었다, 예쁘지가 않다 등등…….

장갑을 끼어도 찬물에 수십 번 손을 담가야한다. 가시 장미 다듬기, 물을 자주 신선하게 바꾸어 주기 등 엄지손가락 지문이 성할 날이 없었다 13년여 동안 손가락 지문이 닳아 아예 없어졌다. 몇 달이 지나야 재생이 되곤 했다.

하루 온종일 꽃을 사러 한사람도 가게에 오지 않는 날도 있고, 6시 저녁 먹고 12시 까지 장미 한 송이 못 팔고 가게 문을 닫을 때 속이 어떤지 아는 사람이 있을까 싶다.

버스를 타고 터벅터벅 전농동 배봉산 밑 천장 썩는 냄새나는 방에 도착하면 네 어린 자식들이 공부하다 잠들어 있거나, 아직 안 자고 아버지를 기다리며 공부하고 있었다. 그런 세월이 나에게 가슴아픈 기억으로 남는다. 아이들은 아버지 말을 잘 듣고 순종해 주었다. 먹는 것, 입는 것, 잠자리 하나 변변하게 못해 주었는데도 무슨 벙어리가 되었는지 불평하는 소리를 듣지 못하였다. 아이들이 불만이나 불평없이 잘자라 주어 지금도 뿌듯하고 대견스럽다.

깜깜한 새벽에 별을 보고 나가서, 기울어져 가는 달(月)을 보며 50,000원도 못 벌고 돌아오는 날이 절반일 때면 아이들 얼굴보기 민망하고 나 자신이 회의감이 들때도 있었다. 하지만 지금은 예전 일을 가끔씩 떠올리며 산다.

고달픈 배달 일꾼

한남동 모처로 난초 배달 갈일이 있어 심부름을 시켰다.

쇼핑백에 난초를 넣고 나설 때 "얘야 너는 지금 이 시간 아빠 대신가는 배달사원이야. 인수증 싸인 받을 때까지 손상 없이 잘해라." 꽃가게에서 출발하여 한남역에 내려 걸어서 20분을 가면 유엔 빌리지 언덕 저택 대문에 도착한다. 초인종을 누르니 철문이 열려 들어가는데 난초 꽃대 3대 중 1대가 휘청하며 부러졌다고 전화가 왔다. 나는 그냥 돌아오라고 했다. 1시간 지나 가게로 돌아온 아이에게 "수고는 했는데 이번에 아버지가 갈까?"하니 "제가 다시 가지요."했다. 같은 것으로 포장해서 배달하게 했다. "머리와 가슴과 손발이 일치되어야지." 타이르며 "고생해라. 2~3초 방심이 2~3시간 허비 한단다." 공부 잘하는 것도 힘들지만 하찮은 일도 정성 들여야 함을 알았으면 하였다.

매년 중·고등학교 입학·졸업 때엔 코사지, 사방화 등 학교 서무실로 배달을 간다. 보통 8시에 도착 시키란다. 그 시간은 러시아워라서 전날 늦은 저녁 즈음 조용한 시간에 미리 배달을 가면 마침 잠자던 수위 아저씨가 일어나 문을 열어주며 밤중에 잠도 못 자게 하냐며 소리소리 지르고 호통을 친다. 먹고 자식 가르치려하니 사정하며 다음에는 아침에 배달하겠다고 했던 일이 10번이 넘는다.

십 만원 하는 난초 화분 1점을 쇼핑백에 담아 청량리에서 전철 타고 2시간 천안에서 내려 버스를 갈아타고 S대에 배달하고 돌아오면 보통 6~7시간 소요된다. 용달비가 35,000원이라 마진이 2만원 밖에 안 되니 왕왕 갈 수 밖에 없었다.

이렇게 대전, 청주, 춘천, 인천 등을 수없이 다녔다. 그리고 학교 옆이라 학부모들 주문으로 5,000원~10,000원 하는 소화분을 배달할 때가 있다. 원당초등학교 학생 엄마들이 4~5,000원 하는 작은 화분을 교실로 자주 배달시키는데 학교 넓은 운동장을 지나 3층 교실 문을 노크하면 예쁜 선생님이 방긋 웃으며 '누구 부모님이세요?' 하고 묻는다. 배달 후 뒤돌아 나오며 운동장 가운데쯤에서서 교정을 한참 돌아보니 우리 아이들과 놀아주지 못했던 생각이 들어 가슴이 아팠다.

꽃집에 불이 나다

제2의 직업 플라워 숍 16년째에 나이가 60세가 되었다.

청량리 역사 내 부지에서 철도청과 계약하고 샵을 할 때 화재가 났다. H건설이 L백화점 공사를 역사 내에서 하며 가게 뒤편으로 펜스를 6m 높이로 쳤다 .여름 어느날 가게 안에서 신문을 보고 있는데 옆 구둣가게 김씨가 빨리 나와 보라고 문을 꽝꽝 두드리는 것이다.

급하게 나가 보니 가게 뒤 펜스에 빨간 불꽃이 튀어 큰 구멍이 나고 계속 불이 번져 "불이야! 불이야!" 소리 치고, 빨리 역사무실로 연락해서 소화기를 몇 개 가져와 쏘라고 소리소리 질렀다.

119도 무슨 일인지 이 날 따라 10여 분 지나 도착하였다. 펜스 플라스틱이 불이 붙어 녹아내리며 가게 천정으로 떨어져 불이 붙고 지붕이 불탔다. 5분만 더 경과 하였으면 천장이 무너지며 삽시간에 전소(全燒) 할 뻔하였다.

물대포를 쏘고 롯데 백화점과 청량리역 손님이 구경꾼이 되니 길바닥은 인산인해(人山人海), 천지(天地)가 사람이다.

가게 뒤 펜스 벽에 달려있던 전기 계기판에서 발화한 화재였다.

내가 태어나기 20년 전에 큰 불이 나서 돼지 두마리가 타 죽고 소들은 밖으로 튀어나가고 곡간과 사랑채에도 불이 붙어 그 불기둥과 연기가 1km를 넘었다고 한다. 금산 읍내 소방차와 인근 면에 있는 의용 소방대가 총출동했다는 말을 듣긴 했어도, 내가 눈을 뻔히 뜨고 있는데 10여명이 불을 끄려고 해도 못 끄는 사태를 만난 것이다.

나와는 전혀 관계가 없는 큰 공사장 현장. 그것도 전기과장이 근무하는 현장에서의 누전사고가 발생한 것이다. 나의 사업장이 전소는 아니었지만 화재가 나면 연기, 화기, 냄새 등으로 제품을 하나도 쓸 수가 없으니 전소된 것이나 진배없다.

'우째 이런 일이……. 하늘이 사업을 그만 하라는 것인가?'

무슨 죄를 부지불식간(不知不識間)에 지었는가? 25년 넘게 잘 먹지 못하고, 옷도 잘못입고 궁상을 떨며 살았는데 말이다.

영주에서 5년째 민방위대 교관을 할 때 장충동 통일부 수련소에서 강사 교육이 있었다. 5일 교육기간으로 참석자 모두 나보다 잘 사는 인물인지 몰라도 오래된 옷을 걸친 사람은 나 하나였으며, 30세로 제일 젊은 참석자이기도 하였다. 생각을 하고 또 해도 그 뜻을 어찌 사람이 온전히 알 수 있겠는가! 그리고 전업(轉業)을 하라는 뜻인가? 우선 반성(反省)의 기도와 새로운 각오를 해야 했다.

그동안 목회공직을 하면서 크신 섭리의 방향에 따라 이직(移職)하고 20여년을 걷다 보니 많은 변화가 왔다. 우선 가족이 늘었다.

그리고 모두 장성하여 학업을 마치고 가정을 이루니 손자·손녀(孫子·孫女)들이 9명(남 6 여 3)으로 늘어 모두 19명이 되었다.

이보다 더한 축복이 있으랴. 싼 전세 집에서 44평의 아파트를 구입해서 이사 왔고, 전 식구가 아직은 무병(無病)하고 모두 놀지 않고 직업을 가지고 있어 의식주 걱정은 안하니 하늘 부모님과 조상님께 큰 감사를 올린다.

마지막으로 내가 우리 가족들에게 주안점을 둔 교육철학에 대해서 짤막하게 말하고자 한다.

우리 자녀 교육의 방법(철학)

첫째, 부모가 아는 만큼은 자녀에게 가르쳐 준다는 일념이다.

내가 아는 하나님의 실존 이성성상, 생명의 신비, 자연의 불가항력 현상 등을 쉽게 또는 자주 교육 시킨다. 보통은 자식이 다 컸으니 본인이 알아서 할 것이라고 생각하지만 그렇지 않다고 본다.

둘째, 부모의 심정(心情)을 상속하자.

섭리의 중심들을 보면 부모의 심정 생활이 왕왕 상속이 안 되었다. 아담과 해와는 따먹지 말라는 하나님의 말씀의 심정을, 노아 가정의 함은 벗고 주무시는 아버지의 생활을 하나님과 노아의 심정에서 보지 못한 것 등 우리 자녀들은 원리의 숙지(熟知)와 생활 신앙 경륜(經綸)이 일천(日淺)하기에 더욱 관계가 밀접(密接)할 수가 없었다.

이해(理解)는 실천의 힘인데 원리로 보아도 섭리(攝理)로 보아도 선례가 없을 때는 난감(難堪)한 일이나 지극한 정성으로 상담을 하였다. 특히 고생(苦生), 희생(犧牲), 절대(絶對)가치 등에 대한 이해를 높이려 하였다.

셋째, 원리신앙의 생활 접목(接木).

세대가 다르고 지식수준이 달라 세대간 격차(格差)는 불가피하다. 그렇지만 한세대(30년) 기간은 공생(共生)해야 한다. 부모의 경험, 신앙, 성경 인물들의 전기(傳記) 등을 읽히고 기도와 체험을 하게 하여 자기 주도(主導)와 신앙을 독립하게 한다.

영적인 체험, 신령한 꿈, 은혜를 체득하게 노력 한다. 끌어주고 밀어주는 신앙은 오래갈 수 없다. 내가 통성(通聲)으로 기도할 때 큰아이는 훌쩍거리며 우는 때가 자주 있었다.

넷째, 중심적인 존재(종적존재)와 가인·아벨 간의 공감(횡적존재)

중심적인 존재에 문의(問議)하고 허락 받는 자세는 상대를 배려(配慮)하며 나의 뜻을 펼쳐 나가는 지혜와 중심에 대한 가치와 가정에서 부모의 중요성 등 사회에서 지도자의 중요성을 명확하게 교육하여야 한다.

사람이 어디에 가든 그곳에는 중심이 있고 선배, 아벨, 후배, 피교육자 같은 가인이 있기 때문이다. 중학교 2학년 때 장형께서 읽다가 놓아둔 카네기의 『인간 처세술』을 읽고 감명을 받았었다. 입교 후에 원리적 생활과도 통하는 점을 발견하고 아이들에게도 꼭 읽혔다.

다섯째, 적응력(適應力) 키우기에 주력(主力).

나는 중학교까지 산 많고 물 맑은 곳, 금강 상류 금산에서 서대산을 바라보며 발이봉 산골짝 물에 한 여름 목욕하고, 산이 떠나가라고 소리 지르고, 풀도 베고 소와 염소 10마리를 기르며 자랐다. 이때 동네 어른들은 하늘을 온통 덮을만한 정자나무 아래 십여 명이 모여 좋은말을 되로 배워 말로 풀어 쓴다.

혹은 호미로 막을 것을 가래로도 막기 어렵다는 이야기를 많이 하시곤 하였다. 적응력은 참으로 중요하다.

언제나 위기는 닥치는데 넘어지는 사람이 있는가 하면, 위기를 잘 모면하며 성공의 기회로 만드는 사람도 많이 보았다.

아이들을 대하고 있다 보면 어휘(語彙)순발력이 있을 땐 전기와 문학 책을 보게 하면 도움이 된다. 사물의 모양, 색상, 이치, 탐구력이 있어 보이면 과학 동아 등을 읽고 관심을 갖게 했다.

나는 평소 수필집을 구독(購讀)하기에 아이들에게도 권장했다. 수필집을 통해 필자의 소신, 주장, 생활의 경험 등을 간접 경험한다.

매미를 아침저녁 손주들(준후 선후)과 몇 마리씩 잡는데 바로 그냥 날려 보내지 않고 같이 앉아 다리 수, 날개구조, 눈의 색깔, 우는 소리, 흉내 내기 등을 그리고 매미 그림 그려보기까지 시켜 본다.

바다나 강에 나가 수영을 하다보면 파도는 분명히 만난다.

세상엔 온갖 시련이 도사리고 나를 기다리고 있다. 힘, 즉 적응력이 있으면 파도는 즐길 수 있으나, 그렇지 않으면 죽든지 치명타를 맞게 된다. 적응력의 성장은 키가 자라듯 서서히 자란다.

같이 노래하다가 너 혼자도 잘할 거야 혼자 불러보라면 노래도 이야기도 독립적으로 하게 된다. 친구 집에서 놀다오면 여러분은 어떤 걸 하였냐고 물어보든지 묻게 하든지 하면 된다.

두 손주를 데리고 유치원 갈 때도 같은 교육을 한다. 보고, 듣고, 무슨 말을 했는지 물어보고 묻게 하고, 그러면 자연히 교육이 된다. 자기 먹을 것을 본인이 타고 난다고 하며 공부머리도 스스로 타고난다고 한다. 하지만 계획적인 준비나 연습도 그 이상 못지않다는 신념에서의 교육이다. 지금은 각자 소성을 더 일찍 발견하였었더라면 하는 아쉬움이 남는다.

가족들이 기도하였던 주제

지난 세월 교회에서 목회활동을 접고 세상을 피부로 부딪치며 살 때 우리 가족이 한 기도의 내용은 다음과 같다.

1. 입교하여 자격도 미천한데 공직을 수행케 하신 점과 축복하여 주신 은혜에 감사드립니다.

2. 여섯 가족이(지금은19명) 무병, 학업성취, 직업 등을 가지게 해주심을 감사드립니다.

3. 부족한 사람이 사은비로 생활하였는데 앞으로는 적든 많든

드리고 베풀며 살 수 있도록 해달라는 기도를 드렸다.

4. 아무리 곤경에 처해도 자신감, 자존감 갖고 살아 하늘 뜻을 받들고 조상님 은덕을 감사하며 살게 해달라고 기도 드렸다.

꽃집과 에피소드

오랜세월 생계의 전선에서 열심히 살다보니 어려운 시절 힘든 생활이었지만 지금 생각해보면 기억에 남는 이야기들이 몇가지 있다. 그중에서 기억나는 두가지 이야기가 있어 글로 옮겨본다.

국정감사 피감 꽃집

1996년도부터 숍을 삼성동에서 청량리 롯데 백화점 옆으로 옮겼다. 땅은 철도청 소유이고 건물은 내가 2,000만 원 들여서 판넬과 철제 알루미늄의 재질로 지어서 시작하였다. IMF 전후까지는 솔솔 매출이 괜찮았다.

2000년 4월경 청량리 역장이 다급한 듯 뛰어 내려와 나를 찾았다. 역장이 서기관으로 근무할 때인데 사장님 하며 깍듯하다 잘 안보니까 별로 아는 척도 안하고 있는 때였다.

1시간 쯤 뒤에 기자가 취재하러 오는데 우리 꽃집이 국정 감사 대상이란다. 자민련(自民聯) 소속 국회의원 K가 국정 보고한 내용을 취재하러 온다는 것이다.

"역장님 걱정 말고 올라가서 기다리시오."

난생 처음 국정감사 피감(被監) 대상으로 기자들이 조사하러 온다 한다. 조금 지나니 정말로 카메라를 멘 젊은 녀석이 거만하게 가게를 빙 둘러 보며 짤칵짤칵 셔터를 눌러 댄다.

'자식 거 참 주인에게 인사도 없이' 말이다. 슬슬 나가서

"어엇! 자네 이리 와봐 뭐하는 인물인가? 초상권 이라는 것도 몰라요 알아요? 찍어서 PR 해줄 건 아닐 테고 말이야. 말해봐?" 했더니 우리 기자님이 찍으라고 했단다.

"거! 찍으라고 지시한 기자 어디 있어요!"

저쪽에서 37세 쯤 돼 보이는 한 녀석이 오고 있다.

"안녕하세요." 하며 가게 안으로 들어온다.

캘린더 노트를 들고 앉더니 묻는 말이

"철도청에 오래 근무 하셨지요?"

"아니오, 난 하루도 근무한적 없소."

"그럼 철도청 간부가 혹시 친척이라도 되시나요?"

"내 주변엔 그런사람 한사람도 없소."

단정(斷定)을 짓고 와서 심문을 하는데 안 걸리니까, '한건 올려야 하는데' 하는 심산(心算)이 내려다 보였다.

이 녀석들 높이 들었다 콱 메쳐야지. '소시적 유단자(有段者)로 유도 5년 경력이 있으니 이참에 실력을 보여야지!'하고 생각하면서 내가 물었다.

"무슨 일로 왔는지요? 기자님.내어 놔 보시오."

그때서야 직고(直告)를 했다.

"청량리 꽃가게는 1년 세금이 180만원이고 부천 중동 부개역사 꽃가게는 1년 360만원 입니다."

노트 안 페이퍼에 빨간 볼펜 친 두 줄이 내 눈에 들어왔다.

"잠깐 좀 봅시다."

자세히 들여다 보니 문제점이 보였다. 의원실에서 찍어주며 조사하고 신문에 보도하라고 정보를 받았다는 것이라 했다.

청량리 역장의 말에 의하면 이번 보도를 못 막으면 본인이 좌천될 각오를 해야 했고, 서울지방 철도청도 발칵 뒤집힌 상태라고 으름장을 놓았다. 그러나 나는 문제점을 찾아냈다.

"기자! 나이가 얼마쯤 됩니까?"

"예 40세 안됐습니다."

"자! 내 말 잘 들어봐요 우선 기자가 가지고 온 페이퍼를 잘 들여다 보시오."

"예?"

한참을 들여다보더니 이해가 안간다는 표정이었다.

"뭐 안보이쇼?"

'참! 기자들 어지간히 똑똑한지 알았더니 석두(石頭)로구나 이 녀석이야 말로 빽으로 들어갔구나' 싶었다.

국정감사 페이퍼 붉은 글씨 두 줄을 가리키며 나는 기자에게 말했다.

"이리 가까이 앉고 종이 펴 놓고 내 말 잘 들어봐요. 자 봐요 가게 위치가 실내와 실외(室外) 다르지요?"

"그렇습니다."

"자 여기 계약기간이 달라요? 같아요? 청량리는 6개월 부개는 1년 틀리지요?"

그때 청량리역은 신축 예정이라 6개월 단위로 계약을 해줬다.

"여기 이 꽃집 철도청에서 지은 것 갔소? 누가 지은 것 갔소? 내가 지었소! 청량리역에는 땅세만 내고 부개는 땅세 집세를 모두 내니 따블이어야지 맞지요? 내가 나이 좀 더 먹어서 하는 소린데. K의원(자민련) 실에도 내 설명 해주고 국고 손실 내지 말고 신중하게 처신하라 고 전하시오. 기자! 장래가 유망한 사람이 달랑 페이퍼 한 장 갖고 와서 말야 참나…. 자세히 읽어만 보았어도 헛걸음 안 했을 것 아니오? 붉어진 얼굴 쳐다보기 민망하니 잘 가시게……."

조금 있으니 다시 역장이 상기된 표정으로 쫓아 내려와 어떻게 되었느냐고 묻기에

“아이고 역장님 내 아주 오늘 일진이 사나운지 진땀 두어 사발 흘렸습니다. 허허허” 하니 눈치 채고.

“수고 하셨습니다.”하며 그날 점심 거하게 한턱 대접 받았다. 그 후로 지나갈 때마다 꽃집에 들려 이야기를 듣고 가곤하였다.

형·동생의 사연

본시(本始) 청량리라는 데는 교통이 썩 좋은 곳은 아닌데 강원도 경기도 북부로 가는 관문이다. 그래서 ‘동대문이 열려야 한양이 열린다.’라는 말이 있다.

그리고 이 동네는 ‘○번지’라는 곳으로 가게가 섰을 때 한동안 검은 복장의 신사들이 오고가며 훑어보곤 하였다. 본시 나 또한 한길만 걸어 왔기에 하얀색 길은 잘 알아도 여타의 색깔은 전혀 모르고 안 보인다.

2002년 5월 초인데 일본 날씨처럼 습(濕)을 머금은 고온 다습한 날씨라 다들 덥다고 하던 어느 날이었다. 10시 다되어 가게에 가기 위해 청량리역을 막 나와 역광장을 들어서니 일자(一字) 가게 입구에 웃통을 벗은 채로 사나이가 허리춤에 양손을 얹은 채 서 있다. 가까이 가니 저쪽으로 가는데 나하고는 할 말은 없는 듯하여 셔터를 올리며 주변을 보니 벽기둥이 좀 찌그러져 있었다. 문을 열고 가게 안에 들어가 앉아 있으니 그 친구가 지나가며 가게

안을 힐끔 쳐다본다. 우리 가게에는 별다른 일을 저지르지 않았다. 나에게 무슨 액션을 취하여야 나도 나서서 대화든 뭐든 할 것 아닌가!

그러나 주위 행상하는 이들에게 들어보니 여기서 누가 장사를 하라고 했느냐며 소리 지르고 엄포를 놓았다는 것이었다. 그런데 아무도 말리지 못했다고 했다.

순간 나는 저 녀석이 이 동네 깡패구나 직감하고 점포에서 푼돈이나 뜯어 가려고 저러나 생각했다.

다시 일주일이 지나갔다. 월요일 역시 전처럼 10시가 다되어 나갔는데 저번과 같은 차림으로 웃통을 벗고 허리춤에 양손을 걸치고 무슨 화가 났는지 씩씩거린다. 이날도 가게 옆에 있는 바리 케이트가 넘어져 가게 측면에 걸려 있었다.

두 번째이면 분명 사연이 있으리라.

여상(如常)하게 셔터 문 열고, 있으나 없는 양 치고 가게 안에 들어가 커피 한잔 타 먹고 있으니 언제 사라지고 없어졌다. 그날 오후 3~4시가 되어 맨 정신으로 그 친구가 지나가고 있길래 불렀다. "형씨 이리와 나 좀 봅시다."

보기보다 부끄럼을 타는 것 같다. 쭈뼛하고 두리번 두리번 거리는 모습을 보니 말이다. 나를 형씨라고 부를 사람이 없을 텐데……. 하는 표정이 역력했다.

"저요?"

"거 지나가는 사람 형씨 밖에 더 있습니까?"

문 터 방을 넘어 들어오고 있어서

"의자에 앉아요." 하니 안을 둘러보고 앉는다.

"보아하니 무슨 할 말이 있는 액션(행동)인데 왜 가게 옆에서 보기 흉하게 시리, 그러쇼? 올해 나이가 어떻게 되시는지? 내 나이가 57센데."

"아, 예 저는 51세입니다."

"그래요. 혹시 고향이 어딘지 물어도 되겠습니까?"

한참 생각 하는 듯 한 것 같은데 말은 속하게

"강원도 삼척입니다."

"그래요 강원도 분이면 순박하고 선량한 사람이 많은데… 거참 알려나 모르겠네!! 전 서울 시장하고 내무 장관한 염(廉) 경무관 출신 아십니까?"

"예?"

그렇게 깜작 놀라며 얼굴색이 변하며

"형님 그분을 어떻게."

강원도 큰 산골에 큰 인물 몇이나 나왔나. 더군다나 감방 들락날락 했으니 경찰 고위직 모를 리가 있나.

"아니 형님이라니요 나이 몇 개나 더 먹었다고요. 들어왔으니 내 커피 한잔 끓이지요."

포터에 전기를 넣으니 금방 끓어 믹스커피 한 잔 타 주며 관상을 쭉 훑어 봤다. 키 178cm 무게 75kg, 다혈질, 서열 3위 정도 보스, 감빵 최소한 10번 이상, 독신 등. 나중에 가끔 들어와 이런 저런 이야기를 나누며 확인했다. 지금도 보면 눈에 띈 곳에서도 15도 고개 숙여 형님으로 깍듯이 예를 다한다.

書藝(서예) 공부

2000년 들어와서 서예학원이 집 가까이에 있어서 방문하고 선생을 만나보고 등록을 하였다. 사사(師事)하신 선생님은 김종태 해동서예학회 이사장이며 한국 서가협회 심사위원님이다.

그리고 학회사무국장인 시원(始原) 김환희 선생과 소정(素貞) 선생께서 항상 옆에서 공부할 때 관심을 갖고 마음자세를 다듬어 주신 것이 생각이 난다.

매일 2시간씩 체본을 받아 화선지에 연습을 하고 잘 써진 글씨는 보관하며 5년여를 공부하였다. 오후 2시에 습작을 하여 3개월이 되니 작품을 한 점 출품하기로 하였다.

성격상 붓을 잡고 있으면 시간가는 줄 모르고 재미가 있다. 60세에 왕희지의 초서를 쓴다. 멋있는 인생이란 생각을 하였다. 묵향(墨香)을 맡으며 노후를 즐긴다면 좋겠다 싶다.

수상작품 1

證人(증인)

有才 莫歎 延光遲 (유재 막탄 연광지)

公道 蒼天 不我欺 (공도 창천 불아기)

聞說 渭川 漁釣者 (문설 위천 어조자)

西來 八十 來逢時 (서래 팔십 내봉시)

재주가 있다고 해서 세월이 더디다고 한탄을 말라.

공도는 하늘이 나를 속이지 않으니라.

말 듣 건데 위수 가에서 낚시하던 강태공은

나이 팔십 살 때 서백이 서쪽으로부터 와서 때를 만났다.

—「八孝集」에서

나표 /七言絕句 時

(호는 절효 나주 나씨 12세, 조선조 효자, 정려 八孝子 한분)

수상작품 2

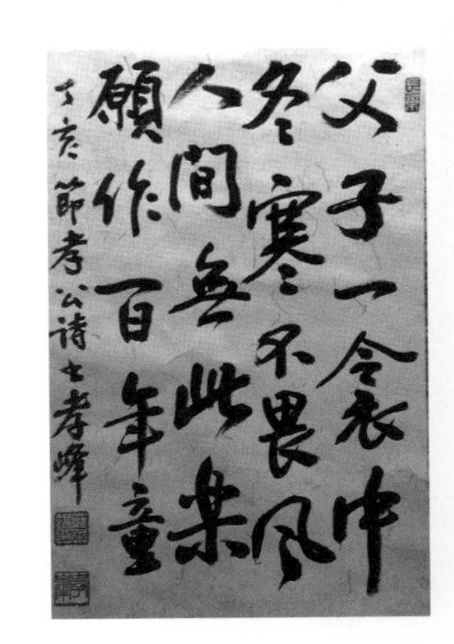

在不懷 中成韻 (재불회 중성운)

父子一衾中 (부자일금중)

寒不外風 (한부외풍)

人間無此樂 (인간무차악)

願作百年童 (원작백년동)

부자가 한 이불 속에 있으니

겨울이 차가와도 바람이 두렵지 않네.

인간에 이 같은 즐거움이 또 어디 있으리요.

원컨대 백 년 한하고 이토록 어린 아이 되고 싶네

—「八孝集」에서
나표 / 五言絕句 時
九歲作詩人傳誦感涕者多

9세에 지어 전해 오는 말에 의하면 읽는 이마다 어버이 생각에 눈물을 흘렸다.

서예 작품1점

山城古寺歲將除　　(산성고사세장제)
揂門鄉人度嶺無　　(유문향인도령무)
欲歸欲偤未成計　　(욕귀욕유미성계)
惆悵寒窓懶下書　　(추창한창난하서)
산성 옛 절에 해가 장차 바 뀌려하는데
그래도 고향 사람이 영을 넘어 가지 않는지 묻는다.
돌아 갈까? 머무를까? 작정 못하여
서글픈 여관 방 창가에서 편지를 쓰지 못한다.

— 한국서가협회 孝濟 입선 作

시 감상

告白(고백)과 表白(표백)을 主題(주제)로 한
이태백의 時(시)와 李冶(이예)의 時(시) 感想(감상)

美人卷珠帘, (미인권주렴)

深坐颦蛾眉，(심좌빈아미)

但见泪痕湿，(단견루흔습)

不知心恨谁.（부지심한수)

여인이 주렴을 걷는다.

홀로 앉아 깊은 주름 짓는다.

멀리서도 눈물 흔적 어른거린다.

누구를 원망하고 있는 것일까?

— 李白

(자 태백(太白). 호 청련거사(靑蓮居士).

두보(杜甫)와 함께 '이두(李杜)'로 병칭되는 중국의 대표 시인이며

人道海水深　(인도해수심),

不抵相思半　(부저상사반)

海水尙有涯　(해수상유애),

相思渺無畔　(상사묘무반)

携琴上高楼　(휴금상고루),

虛楼半月滿　(허루반월만)

彈着相思曲　(탄착상사곡),

彈腸一匙斷　(탄약일시단)

높고 물 깊다 한들,

반 토막 마음인들 막을 수 있으리오.

바다는 가장자리나 있다지만,

그리움은 아득하여 그 끝을 모르네.

비파 琵琶 안고 누각에 오르니,

누대는 텅 비어 있고 달빛만 가득 하다.

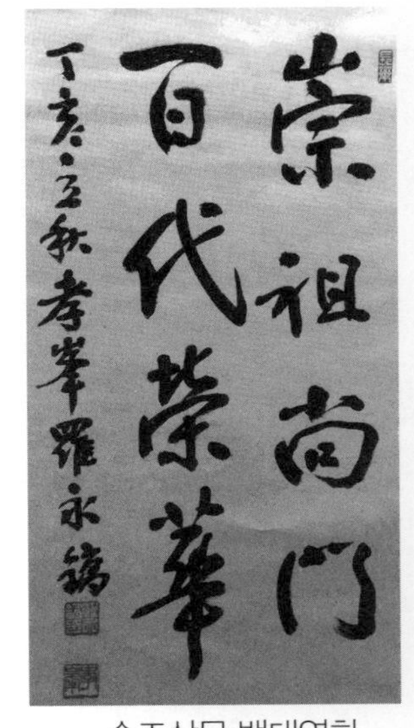

숭조상문 백대영화
丁亥 立秋 孝斉 書

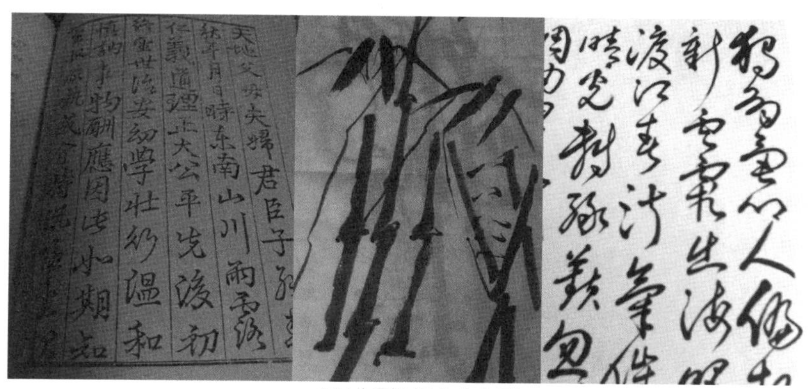

12세 할아버지 서예

사곡 한 자락을 튕기니,

비파 줄과 창자가 문득 끊어지네.

— 李冶 時
(당대 일류 여성시인)

芝草幾回夢 (지초기회몽)

溪磯可釣漁 (계기가조어)

阮堂春日晩 (완당 춘일만)

彩服未然裾 (채복미연거)

봄마다 다시 방죽가 저 풀에 마음을 부쳐 몇 번이나 형님 오시기를 꿈꾸었나.

시냇가 낚시터는 오늘도 가히 낚시를 할 수 있네.

어머니 계시는 방 앞에는 봄날 이 더디고 더딘데

아직껏 형님과 나란히 뵈옵지 못하고 있네.

— 丙戊 初夏 耐貧公 時 上舍兄 孝齊 羅永鎬 書

6부
행복한 가정을 탐구하다

"나에게 왜 사느냐고 묻는다면
나는 한결같은 대답은 행복을 찾는 몸부림이라고 표현하고 싶다. 공부도 신앙도 철학적 사색도 가창도 이는 종국에 행복한 나의 가정을 위한 것이다."

世界基督教統一神靈協會
全羅北道敎區
83. 11차 교구수련회 (83. 10. 17~22)

나의 장점(長點)

모나지 않은 성격

이 나이 먹으면서 나는 무엇을 잘하나 하고 생각을 해보았다. 어디까지나 주관적인 생각이다. 남이 믿거나 말거나 나의 주장(主張)이지만 족적(足跡)을 돌아보니 몇 개는 있다.

나는 누구하고도 싸움을 크게 한 적이 없다. 잘 믿지 않겠지만 멱살을 잡고 드잡이 한 적이 없다. 물론 집에 식구와는 언쟁은 했다. 미워서가 아니고 다분히 교육적인 측면인데 말이라는 것이 길어지면 어디서나 문제가 된다.

마음으로는 싸웠다 “두고 보자”는 식(式) 말이다. 유소년 시절에는 이해하고 오래오래 삭히는 편이었다. 초등학교 때는 공부 잘해서 미움 받느라 속상해 했고 어쩌다 밥풀이 옷섶에 두세 개

붙어서 학교가면 말라 붙어있었다. 당시 시골에서는 초등학교 다니던 시절 거울보고 학교를 가지 않았다. 그렇게 학교에 가면 밥풀 누구 줄려고 달고 왔느냐 온 종일 놀려 어린마음에 얼마나 속상했을지는 당해 본 사람 만 안다.

중학교 다닐 때는 자전거 통학을 하면서 5~6개 동리를 통과해야 오고 간다. 껄렁 대는 1~2살 형 같은 애들이 찝쩍대면 고모, 이모집 형들의 이름 대면 꼼작 못했다.

청년시절 그리고 노년기에는 더 더욱이 그런 나다. 17세에 교회생활을 시작 주로 목회 지도자를 해서일까? 지내고 보면서 교훈적인 것은 음지(陰地)는 필히 햇볕이 든다는 사실이다.

부교감 신경

나는 부교감신경 (prasympathetiic)이 잘 움직인다. 부교감 신경은 주로 호흡, 소화, 순환 등을 지배하는 자율 신경의 하나이고 교감신경과 길항적(서로 버티고 겨룸)으로 작용한다.

따라서 나는 적응이나 수습을 잘하는 편이랄까? 시험을 치를 때 100페이지 분량이라면 무슨 문제가 어디서 나올지 깜깜하다. 나는 그때 노트나 책을 펴놓고 찬찬히 살펴본다. 인상에 남는 흔적이 있다. 그리고 교수의 강의 상황을 떠올리면서 강조점 등을 생각하고 나서 노트를 재정리한다. 시험 문제가 될 만한 문제를 추려 나간다. 그리고 암기를 한다. 여기서 포인트는 중요한 주제가 시험에 안 나올 수도 있으며, 4지 선다형에서는 지류(支流)나 잔뿌리를 골고루 알고 있어야 확실히 맞출 수 있다. 보통 주관식 60% 객관식 40% 정도였었다.

작든 크든 행사를 해보면 여실히 나타나는데 나는 30여개의 대인관계 행사를 알차게 하고 실패를 안했다. 대회 목적, 성격을 정확히 알고 동원인력의 수와 장소, 참석자 신원 분석을 마치고 핵심 인물/간부교육에서 마음의 일치, 생활의 일치 나아가서 성과의 공정한 분배에 확신(確信)이 서야 절대 성공이 담보된다. 주위의 비슷한 조건에서 300명 정도 모일 때(실패한 행사) 나는 800명을 모으고서도 만약을 대비해 100여 인원을 예비해 놓은 일이 있다. 영주 안보 강연회가 대표적이라 할 수 있다.

조직의 기본은 첫째는 리더(Reader), 둘째는 주체대상(나와 너), 셋째는 전체 파급효과 예측 세 가지 수(數)의 이치를 알면 걷는 것과 뛰는 것의 차이점을 확실히 알게 된다.

8~9세 2-3학년 때 금산 시골에서 흑염소 7~8마리를 주로 내가 사육을 했는데, 염소의 성질을 알면 키우기가 쉽다. 사람은 80프로 이상은 신경 덜 쓰고 따라 가는 편을 택하는 것 같다. 그러나 염소는 100% 앞에서 끌고 갈수가 없다. 달리게 놔두면 서로 잘

달린다. 그 대신 쫓아가려면 땀이 난다. 제어(制御)를 하려면 선두 한 마리만 가서 붙잡으면 조용히 따른다. 요즘도 그런지는 잘 모르겠다. 나와 너 즉 주체와 대상인데 나와 같은 역량의 상대를 만들기에 성공하면 1차는 성공이다. 한 점에서 선을 긋고 또 한 점이 면적을 만들지 않는가? 이렇게 나가면 성공은 보인다. 중요한 내용은 성과의 공평한 분배, 공생의 인연을 확장시켜 나간다. 존재란 전수 3점이 서야 가능하다. △ 발전은 3점 이상일 때 가능하다. 그래서 주역에서는 하나는 양극이 있어 3점이며(三數) 소생· 장성·완성 3단계 손가락도 3마디라야 작용이 가능하다.

선택은 기회의 한수

다수의 회의에서 문제 해결 방안을 내놓는 사람은 위트(WIT)가 있다 할 수 있다. 20살 때 대전에서 부장시절 신문 제호를 번뜩이는 기지로 충남신보로 정하였다는 말은 앞서하였고, 2006년도 종로 창신동 쌍용APT 44평을 3억에 매입하고 1달 수리를 잘하고 이사 왔다. 종로에 1500세대 APT 단지가 있는 줄은 전혀 몰랐다.

그 즈음에 서울시가 은평 뉴타운 개발 분양가를 1,400만 원(평당 가격)으로 분양하자 이를 계기(契機)로 전세입자들이 구매 붐을 일으켰다.

5월부터 9월 정도사이에 평당 가격이 400만 원 정도 뛰었다.

중개를 맡았던 K부동산이 있는데 33평에서 살다가 9월이 되어서야 팔고 앞 동으로 이사했다 하길래 얼마에 매입하였느냐 물어보니 3억 4,000만 원에 거의 다 오르고서 매입하였다는 것이다. 부동산 전문가가 시세를 누구 보다 잘 알 터인데 시점을 맞추기가 어려운가? 부동산의 '부'자도 잘 모르는 문외한(門外漢)이 3개월 만에 제법 크게 흑자를 냈다. 이것을 기회의 한수라 해야 할지는 모르겠다. 15년 꽃가게를 고생하여 한 것에 비유하면 참 아이러니 하다고 밖에 할 말이 없다. 시대가 인물을 만든다는 말도 맞는 것 같고 사람이 기회를 잘 선점하면 큰 일을 한다는 말도 맞는다 하겠다.

화술(話術)을 연단(鍊丹)하다

60년대 학생들은 웅변 연습을 학원에서 많이 하는 편이었다. 자원이라면 사람 밖에 없다는 생각에서 숨은 자기계발(自己啓發)을 많이 하였다. 나는 원리를 접하고 강의 연습과 밖으로는 안보 승공 사상을 강연하는 연습을 꾸준히 하였다. 수시로 강의 실습도 어디서나 페이퍼 가지고 몇 사람만 있는 자리에서 하면서 청중의 심리 분석, 청강 자세에서 나오는 느낌 등을 세심하게 체크하였다. 이 모든게 공부요

자산이 되었다.

그리고 전자에 언급 하였지만 1,000여명 장병 중에 언변을 준비 연마(鍊磨) 한 사람은 0.5% 미만이었다. 보통 3~5%가 리더라는 말이 있다.

오랜만에 와이프 애길 해본다.

연령 차이도 나지만 본래 순박하기 그지없는 인사라 남의 말, 그중 나의 말에는 잘 설득 당하는 편이다. 이의(異議)를 별로 달지 않고 따라온다. 얼마 후 일이 잘되면 별말이 없고, 과정에서 꼬이는 조짐이나 결과가 영 아니다 싶으면 핍박이 거세다.

1. 감언이설(甘言利說)이란다

2. 기만(欺滿) 속였단다.

3. 틀림없다고 하지 않았느냐?

세상일이 다 잘 되는 것 봤느냐. 잘 될 것 같은 이치 논리였기에 내가 그대로 설명해서 동의를 해놓고 어찌 결과까지 장담 한다는 말인가? 독단 강압적으로 처리 한적 없다. 동조 찬성 끄덕끄덕 하였다. 180도 아니라면 속이 시원한가?

참으로 황당 어처구니가 없는 일로 경제적 손실이 꽤 된다. 나는 경제면에서 물질관을 나름대로 설정했다. 물질이 나가면 사람이 들어온다? 손해본다는 생각을 조금 하다가 만다. 천지공도(天地公道)는 하나 나가면 하나 들어온다고 믿고 있다. 숨을 들이만 쉴수 있는가 필히 내뿜어야 산다.

상세히 밝히면 공개망신(公開亡身) 될까 봐 전자에는 한번 언급 했지만 이 책자에서는 전지전능(全知全能)하시고 불꽃 같이 예리(銳利)하신 하나님께 맡기기로 한다.

환경 응용·적응력

1. 사리분별을 잘하고 시의적절히 적용한다.

2. 나의 기본실력을 알고 상대의 장점을 알아서 대처한다.

20세 전·후에 강의를 할 때는 내가 아는 것을 쏟아 내는데 열중하였다. 무엇을 덜 표현하였나에 신경을 썼다. 강의를 하면서 알고 있다는 전제를 중요하게 여겼다.

그러다 점점 터득하게 된 점은 말하는 내용이 느껴지고 감정으로 엉킨다고 할까. 말하는 속도, 억양 등에 깊은 사색과 심화하는 과정이 오게 된 것이다. 들리는 상대방의 언변(言辯) 들도 억양, 속도 등 이 마음에 와 닿는 것이었다. 화술을 공부 숙련하는 것은 리더의 자격 요건(要件) 중에서 가장 중요하다고 여긴다. 상대에게 감동을 준다는 것. 소위 인기 있다는 것은 말처럼 쉬운 것이 아니다. 피 눈물 나는 인고의 노력이 바탕이 되었다는 것이다.

말과 글이 뜻을 표현하는 수단이기에 그 뜻에 진실성의 내용이 전제(前提) 되면 최상이라고 본다.

부모님에 대한 잔영(殘映)들

아버지와의 추억

"등 좀 밀어 봐라!"

8살 때 학교에 다녀오다 냇가를 건너려 하는데 "영호야!" 부르는 소리가 들려 건너를 쳐다보니 들가 논에 물을 품어서 대주기 위해 만든 웅덩이에 아버지가 목욕을 하며 부르셨다. 건너서 도착하니 "영호야! 이리 와서 등을 좀 밀어라." 하신다. "예!" 하고 별 입은 것 없으니 순식간에 훌러덩 벗고 웅덩이에 첨벙 하고 뛰어들었다.

"아버지 수건 주세요."

수건이라야 지금처럼 면이 아닌 광목이나 베수건이 전부인 시절 아닌가. 베수건으로 등을 밀어 드리니 "어, 시원하다." 하시던 모습이 눈가에 어른거린다.

"야! 너도 등을 돌려봐라!" 하시며 그 얼컬한 베수건으로 나의 등을 쓱쓱 문대시는 것이 아닌가! "아버지 아파요." 하며 내빼려 하니 꼭 붙잡고는 "조금만 참아라. 다해간다." 눈물이 날 정도로 따가웠다. 허나 그런 정경은 처음이자 마지막이었다. 난생 처음 부자(父子)가 홀딱 벗고 눈물 날 정(情)을 나눈 나의 사건이다.

나세창, 강시단 부모님은 영원히 나에게 애모(愛慕)의 정(情)을 솟구치게 한다. 지금도 아버지가 돌아가셨다는 비보(悲報)를 떠올리면 가슴이 철렁 내려앉는다.

됫병 술과 상처(傷處)

아버님은 4대 독자로 19살에 면에서 제일 부자인 만환(萬煥) 할아버지가 돌아가시자 재산을 상속 받았다. 처음 3~4년은 농사와 영농지도를 받으시러 주로 도(道) 농촌지도소(전주)에 가시는 등 눈코 뜰 사이가 없으셨다. 그 후 부터는 숙달이 되셨는지 수시 일꾼들에게 맡기시고 바람을 쐬러 다니셨다고 한다. 술 놀이 여행으로 세월을 잊을 정도이셨다.

그 후로 아버님은 과음(過飮)은 아니하시나 매일 조금 드시어 중독(中毒)이 되시고 집재산(家財産)은 20년여 동안에 10분의 1로 줄어들었다.

내 나이 7세 때 "영호야! 술도가에 가서 유리 됫병에 막걸리 좀 사오너라" 하셔서 초록색 됫병을 들고 1 킬로 되는 면 소재지 마을로 가서 술을 받아 오는 중이었다. 논두렁 길로 좀 질러 오기 위해 1미터쯤 낮은 논둑길로 뛰어 내리다가 고무신이 진흙 길에서 미끈하자, 술병을 안고 앞가슴에 붙인 채로 엎어졌다. 술병을 훌쩍 집어 던졌으면 안 다쳤을 터이고, 쓰러져도 논에 넘어져 봐야 벼나 다칠 일이었다.

술병은 깨지고 왼손 엄지 밑 손바닥에서 피가 줄줄 흘러나오니 당황(唐惶)이 되어 엉엉 울음이 나오고 아팠다. 어찌 집으로 돌아왔었는지도 기억이 안 난다. 몰래 사랑채로 가서 가만히 있었다. 나도 정신이 없었다. 술을 받으러 간 아들이 안 오니 걱정만하고, 나중에 자초지종(自初至終)을 아신 어머니께서 큰 소리를 치시며 아들 죽이려고 환장을 했느냐며 큰 소리를 치시니 술을 끊으신다고 하고 급히 치료를 하니 가라앉았다. 아직도 흉터는 3센티가 넘게 남아있다.

부모님께서 자주 쓰신 단어

'등 클럭 없는 회초리는 없다.'

줄기가 있어야 잔가지가 나온다는 말로 중심이 중요하다는 뜻이다.

'주변을 치면 복판이 움직인다.'

동체(同體)끼리는 상통한다는 말로 작은 아들에게 한말은 큰 아들도 새겨들으라는 뜻이다. 한 길을 가야 되며 한 번 정한 뜻은 변치 말라는 말이다.

'사람은 하늘이 내신다.'

'사람 말은 새가 듣고, 하늘도 듣고, 귀신도 듣는다.'

'참을 인(忍)자 3 번이면 살인도 넘어간다.'

'남에게 신세를 지지 말라.'

어머니의 애상(愛想)

9살 때였다. 추석 4~5일 전 형들이 중·고등학교 다닐 때이다. 나만 혼자 방에서 홍길동전인가 보고 있는데 어머니께서 "영호 방에 있냐!" "예!" 하고 대답했는데, 아무런 말씀이 안 계셔서 계속 책을 읽고 있었다. 30분 쯤 후에 어머니가 큰 쟁반에 돼지고기를 된장 풀어 푹 삶아서 칼과 새우젓, 갓 담은 배추김치를 들고 오시더니 고기 좀 실컷 먹어라 하셨다. 큰 장정이 실컷 먹을 만한 양이었다. 그날 아주 실컷 먹어 지금도 보쌈 고기만 보면 어머니가 생각이 난다.

농대 합격통지서

1964년 2월 어느 날 대전에 합격자 발표가 있어서 다녀왔다. 합격 통지서를 갖고 오니 어머니께서 계셨다.

"어머니!" 누런 백 노지 통지서를 어머님께 내밀고는 "농업전문 대학에 합격했어요." 하니 어머니께서 한참 훑어보시고는 "등록금이 얼마니?" 물으신다. 그때 기억엔 20,000원 쯤 이었나?

"어머니가 농사 지으시고 할머니도 땀 흘려 고생하셔서 농대 갈려고요." "취직은 잘 되려나 모르겠다." 하시고는 빙그레 웃으시며 "입학금은 걱정하지 마라." 하신다. 아버지는 아직 모르시는데도 어머니께서 통 큰 결정을 한마디로 하셨다 . 그 후 어머님은 5년 동안 한 번도 학비 걱정은 안하게 하셨다.

겨울철엔 가끔 인삼을 큰 보자기에 싸서 1주일 정도 장사를 다니셨는데 경기도 안중면 10여 마을로 다녀오셨다. 농사일 다 마치시고 아르바이트로 장사를 하셔서 학비를 장만 하신 것이다. 실로 당시엔 논밭을 팔거나 소를 팔아야 대학 가르친다 하였다.

1965년 1월 어느 날, 밤 12시가 넘어 가는데 작은 골목에서 "영호야" 부르는 소리가 들린다. '잘못 들었나?' 하고 귀를 쫑긋 하고 있으니 어머니 목소리였다. 반갑고 보고 싶은 어머니. 아하! 사업 다녀 오시나보다. 얼른 뛰쳐나가 모셔와 보니 머리에 쌀 한말쯤 머리에 이고 계신다. 대전역 소제동 언덕의 성냥공장 옆에서 최영식군과 자취하는 곳을 찾아오신 것이다.

이때 나는 경기미 안중 쌀을 먹었는데, 지금 생각하니 고생하신 어머니 덕에 찰지고 기름 끼 줄줄 흐르는 하얀 쌀밥을 먹을 수 있었다. 이런 사랑을 받은 사람 별로 없다고 믿고 싶다.

꽃가마 타고 군북면 제일 부자 집 4대 독자 며느리로 시집오시고 30년도 안되어 남편이 가산(家産)을 거의 다 잃어버려 오늘 자식 가르치려 인삼 값으로 쌀을 받아 안중에서부터 머리에 이고 오신 어머니. 버스타고 오는 시골 길 얼마나 털썩 털썩 했을까! 무거운 보따리에 쌀자루까지 이고, 평택부터 완행기차 5~6시간 타고 오시는 동안 차안에서 무엇을 사서 잡수셨을지, 안 잡수셨을지…. 나는 어머니가 굶으며 오셨다고 천 번이라도 확신한다.

내 어머니의 사랑은 하늘보다 높고 태평양 심해 보다 깊으시다. 산천(山川)이 천번 만번 바뀐다 해도 가슴 깊은 곳에 새기고 싶다. 대가없이 베풀어주신 위대하신 그 사랑을 본받아 실천하고 싶다.

역지사지(易地思之)

전농동 5층에서 살 때 2개월 가량 모시고 있을 때였다. 하루는 오후 3시경 쯤 목욕을 하고 계시던 어머님께서 마침 들어오고 있는 나에게 “아범아 물이 차갑다.” 하셨다. “어머니! 지금 29도에요. 어머니 무엇이 춥다 하세요.” 한마디하고 잠깐 있다 나는 다시 나갔다.

어머니는 아무 말씀 안하시고 대충 씻으시고 나오신 듯하다. 수년이 지난 어느 날 여름이 가고 있을 때 항상 하듯이 찬 물을 샤워기에서 팡 쏟아 온 몸에 뿌렸다. 그때 “앗! 차가워” 나도 모르게 오싹 추위가 엄습했다. 따끔 정신이 바짝 들며 어머니 생각이 났다. 아이쿠, 불효자식! 5남매 낳으시고 기르시느라 뼈와 골이 다

빠져 나가 얼마나 추우셨을까? 지금도 벌초하러 산소에 가면 머리 들고 어머님 뵐 면목이 없다.

인생과 우주의 문제를 해결할 수 있다고 떠들어 대고 천지이치는 다 아는양 뽐내던 녀석이 나였는데 제 어머니가 추운지 더운지 분간도 못하는 바보 천치 같은 놈! 알고보니 천지이치 인생 靈肉(영육)의 문제는 고사하고 지 몸 하나 밖에 모르는 병신 같은 자식이 바로 나다. 남도 아닌 모자간 역지사지(易地思之)도 안 통하는, 나이 60이 될 때까지 헛살았다는 자괴(自壞: self-demolish)감(感)이 들었었다.

대전 손자 걱정하며 사신 어머니!

1984년도로 기억이 되는데, 내가 전주교회에 시무할 때 급한 전화가 왔다. 대전 충남도청 인근 정형외과 병원으로 신속하게 작은 아버지가 오셔야겠고 하며 김시중 장로님이 운전을 해서 도착했다.

당시 어머님이 시내 전통시장 좌판에서 행상을 하셨는데 일어나 걸어가시다 달려오는 오토바이에 세게 부딪쳐서 붕 떴다가 땅에 떨어지며 엉덩방아를 찌셨다고 한다. 골반 뼈가 부서진 상태로 피가 나고 신경세포가 파열되니 얼마나 통증이 심하셨을까. 닥터 말이 사진 찍어보고 진찰한 결과 연세가 높아 수술은 어렵다고 한다. 서울에는 딱히 잘 아는 닥터도 없고 하여 지인(知人)이 있는 부산으로 전화해서 이명정 목사님, 김윤기 장로님(원장

님)과 통화를 했다. 수술을 한다는 전제로 신속하게 모시고 오라하여 부산으로 달렸다. 오후 6시에 도착 급히 진찰하고 안정을 취한 후 수술을 하기로 하고 큰 형님께서 간호 시중을 보시기로 하니 마음이 놓였다.

1주일 후 수술이 잘 되었으나, 부수어진 뼈를 빼내니 왼쪽 다리가 1~2cm 짧아지셨다. 그리고 신경 안정을 위하여 뇌신을 항시 복용해야 한다고 하였다. 요양하는 기간은 6개월 소요되었는데, 걸음을 걸으시니 이보다 더 기쁜 일이 없었다. 김윤기 원장님 그리고 이명정 교구장님의 도움과 기도덕분으로 90세까지 사셨으니 그 은혜에 진심으로 감사드린다.

고령이 되시니 뇌신을 오래 드신 영향과 뇌 세포의 기억력 감퇴로 고생을 하신 어머님. 자나 깨나 서울 계시면 금산 걱정, 금산 계시면 서울 걱정을 하셨다고 한다. 노년이 되시면 심약하여 쉽게 서운하고, 준 정만 많이 생각이 나시는지 누구누구 말씀하시며 서운해 하셔서 뵐 때 마다 말씀을 드렸다. "어머님. 공(供)은 받기 위해서 들인 것이 아니고 덕을 쌓는 일이니 절대로 서운 섭섭해 하시면 공이 안 됩니다." 이기적인 마음 남의 공을 모르고 살면 다 같은 처지로 돌려받으니 철이 나고 해야 되는 일이라고 설득을 3번 하였더니 다음부터는 오히려 더 기도 정성 들여 주시던 어머니셨다. 어머니는 당신 장례식에 쓰라고 수의와 비용 200만원을 남겨주시고 성화하셨다.

나의 어머닌 쥐 띠

어머니와 나는 쥐띠다. 어머니께서 사업을 다녀오시면 낮에 함께 앉아 어머니가 부르시고 내가 기록을 했다. 2시간 정도 머릿속에 들어 있는 외상 장부를 적는 것인데 안중면 20여 부락 2~300여 호에 갑순네 2,000원에 팔고 1,000원 받고 콩으로 몇 되받고 잔금 300원, 영칠 네 12,000원 팔고 9,000원 받고 3,000원 외상….
이런 식으로 노트 2권 정도를 적어야 끝난다.

한 번도 잘못 불렀다며 다시 부르는 일 없이 끝난다. 나는 원리강론을 혼자 강의 할 때 14장(章) 500여 페이지를 거의 다 외워 술술 강의를 하였다.

김명례 조모님

제원면 명암리, 김해 김씨 딸로 시집을 오셨다 얼굴에 분화장을 모르시고 경제도 전혀 모르신다. 귀하게 나고 자라서 부잣집으로 소문난 3대 독자 나만환 총각한테 오셨다. 조모님은 솜씨가 많은데 몇 가지 적어본다. 무엇보다도 음식 솜씨다. 무쇠 솥에 쌀이나 보리

쌀로 밥을 하시면 고소하고 찰지게 하신다. 비듬나물, 메밀나물 무침은 기가 막히게 하셨다. 또한 부침개, 인절미, 떡, 강정, 가죽나물 등 못 하시는 요리가 없었다. 살살 녹는다. 특히 겨울철 시래기에 돼지고기 풍풍 쓸어 넣고 푹 끓이시면 진미(珍味)가 우러나와 두 그릇 정도는 온 식구가 다 게걸스럽게 먹는다. 별스런 재료, 조미료가 없던 시절인데 꿀맛 저리 가라 할 정도이셨으니 지금으로 치면 호텔 주방장 하실 분이셨다고 나는 생각을 한다.

효성(孝誠)이란 호랑이도 알아본다?

깜깜한 밤중에 높은 산을 홀로 넘어 갈 때가 있었다. 17살 때 대전에서 수학할 때 김명례 할머님이 위독하셔 다급하게 길을 나섰는데 버스에 타고 보니 오후 7시였다. 대전 산내 추부 지나 3킬로에서 내려 마을을 지나 산(바리봉 옆 산)을 넘어야 하는데 8시가 넘으니 캄캄한 산길에 들어섰다. 돌아서도 대전 갈 길이 없고, 남자가 온길 안갈 수 있나! 10분쯤 걷다보니 휘영청 달이 떠 훤한데 무섭기는 하나 낮이나 똑같은 걸 이때 알았다. 한 번인가 여러 사람과 함께 대낮에 넘어 보고는 나 혼자 밤중에 처음으로 간 길이다. '재 넘어서 오는 사람이라도 있었으면' 하고 생각하면서 발걸음을 떼어서 재를 넘어 왔건만 나도 혼을 어디에 걸어 놓고 달리듯 걷듯 어떻게 집에 왔는지 모른다. 당도하니 위독하시다는 할머니는 많이 호전되셨고 오히려 날 보며 부모님과 할머님이 깜짝 놀라 어떻게 왔느냐고 물었다. "혼자 왔어요." 말씀드렸더니 더 놀라셨다. 이날 호랑이에게라도 물려갔으면 이런 글을 쓰지도 못할 텐데…. 5~60년대 만해도 깊은 산골에는 그런 일이 더러 있었다. 설마! 우리 할머니 뵈러 가는데 호랑이라도 지나갔으면 혹여 등에 타라고 대줄 수도 있지는 않았을까?

대전에서 완행버스에 오르니 어떤 할머니가 강아지를 안고 들어오셔서 나는 얼른 일어나 강아지와 할머니께 자리를 양보하였다. 그런데 달밤에 산길을 걸을 때 그 강아지 생각이 몇 번 생각이 났었다. 입교하기 전에도 어른을 위하는 효의 도리는 내림으로 행하며 살았다. 너무나 격차가 크면 가늠을 못하고 발길이 누군가의 힘을 받아서 자신도 모르게 행하였었다. 큰 산 깊은 골짝을 넘어가는데 제 정신으로는 무서워서다. 혼비백산(魂飛魄散) 상태로 뛰어 왔으니 말이다. 7세 땐가 외숙(外叔)께서 옛날 효자가 고향에 산고개를 넘어야 하는데 10여 행인들이 호랑이 무서워 다음날 넘자는데 청년은 그럴수 없어서 홀로 산을 넘었다. 그런데 호랑이가 "어흥!" 하며 나타나 등을 대며 앉아있어서 호랑이 타고 제사 시간 전에 도착 하였단다"는 얘기를 들었었다.

3년 뒤에 원리를 공부하며 원리인(原理人)은 만물의 주인이란 사실을 알고 본성을 띤 사람(사람다운)은 만물을 주관하게 된다.

어머니와 슬픈이별

2000년 12월 90세가 되시면서 다리의 통증 때문에 뇌신(약)을 줄곧 드셔야 했다. 30년 복용하시고 시골에서 변변치 못한 식생활이 계속되는 농촌의 삶에는 질병이 진행 될 수밖에 없다. 뇌세포의 수명이 단축되며 약간 어지럽고 생각이 잘 안나는 증상이 있었다. 그러던중 비보가 왔다. 어머님이 위독하시단다. 급하게 아이들을 데리고 달려갔다. 숨쉬기와 잘 알아못보는 형상이시더니 유언 몇마디 하시고 운명하셨다. 우리는 어머님 머리맡에 앉아 기도하고 또 기도 드렸다. 90여 생을 7남매와 시어머니를 모시고 농사지으랴 학비 걱정하랴 손발이 닳고 굶기를 얼마나 하셨을까? 대대로 장손가의 제사며 가업을 계승하셨으니 얼마나 노고가 크셨을까?

3일후 발이봉 아버님 묘소에 합장해 드리고 늦게 동네로 내려와 어머니가 절룩거리시며 다니셨을 동네를 몇바퀴는 돌며 돌에 걸터앉아 엉엉 울었다. 가슴이 벅차오르는 슬픈사연들. 어렸을 때 어머니의 지성스런 장독대 정한수의 기도, 자식 거두어 먹이시려던 땀과 눈물, 고생하신 세월의 마음이 가슴으로 북받쳐 오른다. 나를 본 마을 아주머니들이 몸 상한다고 서너명이 쫓아와 일으켜 집으로 돌아왔어도 애닯프기만 했다. 나는 수만번 다시 태어나도 어머니의 사랑을 따라갈 수가 없다. 깊고 깊은 깊이를 알 수 없는 측량 못할 깊은 사랑.

지금도 가슴 속에는 늘 어머니의 사랑이 가득 차있다.

가족이야기

사람은 누구나 꿈을 가지고 있고, 꿈을 꾸면서 살아간다.

사람이 태어나면 온 가족 식구들이 박수치고 환희에 들떠있게 되고 많은 청사진을 그린다. 나도 기억은 확실치는 않으나 그랬다. 초등학생 자녀들이 무슨 뜻을 가지고 있고. 나는 아들·딸들에게 어떤 꿈을 심어주려 했는가? 마음속으로 어떤 사람이 되기를 기원하였나?

사람 일이 보통은 지나간 다음에 알게 되고 후회(後悔), 한탄(恨歎)을 하기 일쑤이다. 요행을 만났거나 조언해 줄 지인이 있었거나 하면 아주 다행한 일이다. 나는 후자라고 생각을 하고 있으나 절반은 그래도 후회를 하고 산다.

선현 어른들이 남긴 발자취를 보아 알 수 있듯이, 하나님과 성현의 말씀을 가까이하고 실천을 하려 노력하는 생활은 고난의 험로(險路)이다.

주변의 독실한 신자들을 보면 알 수 있다.

나는 성혼 후에 직업상 자녀들과 자주 가까이 할 수 있지 않았고, 아이들 엄마가 생활 속에 깊숙하게 아이들의 사생활을 지켜보는 편이었다. 50세 이전에는 종교분야 경(經)을 많이 보았는데 종교와 관련 있는 경(經)들을 거의 다 읽다시피 했다. 그 후(後)로는 사서삼경(四書三經)을 몇 회 정독을 하였다. 그리고 자식들에겐 꼭 읽기를 강권(強勸)하였다. 남의 자녀를 가르치는 큰딸이나 남의 병(病)을 처치하는 둘째에게도 마찬가지였다.

성경 정독은 필수였으며 가능하면 불경까지도 읽었으면 하는 욕심이다. 사서삼경을 아는 교사, 의사라면 더 깊이 있고 고매(高邁:loftness) 해지리라 생각해서다.

대학들을 다닐 때는 청주 대전에서 공부하기 때문에 편지를 하고, 집에 오면 생활에 도움 될 만한 인생의 원리 부분을 종이에 써가며 알아들을 때까지 반복해서 要約(요약)을 암기하도록 하였다. 그리고 생활하다 보면 힘든 일이 학생들에게도 많이 있다. 재미있어 공부하는 아이도 다소 있겠지만 말이다. 교우 관계나 다른 일에서 힘든 경우가 비일비재(非一非再:being not infrequent)할 것이다 .

인생 단련(鍛鍊) 금식(禁食) 소감문

나에게 닥친 난관(難關)을 자신(自身)이 해결할 자력(自力)을 함양(涵養)하기 위해 신앙은 필수라는 일념(一念)에서다. 2회쯤 3일 금식(禁食)을 인생(人生) 수련(修鍊)으로 하게 했던 적이 있다.

금식 과정의 글을 소감문으로 썼는데. 아래의 글은 아이들이 금식(禁食)을 겪은 소감(所感) 문이다.

금식은 식욕(食慾) 주관(主管)?

먼저 이런 귀중한 기회를 주신 부모님께 진심으로 감사드립니다. 하루하루 힘들고 고달프신 중에도 저희들을 위해 힘든 금식을 함께 시작해 주셨고, 온갖 투정과 불만을 받아주신 당신께 사죄하는 마음이 절실합니다. 지금까지 어떠한 부탁도 쉽게 들어

주셨던 부모님이신데 이번 만큼은 강철 같은 힘으로 방어하셨던 어제 그제의 부모님이 너무 야속하다 할 정도였습니다. 하지만 그만큼 저희의 심정(心情)기준을 높여 주시려는 깊은 뜻을 받아 드릴 능력이 부족하였음을 죄송하게 생각하고 감사드립니다. 그리고 하루에 3회는 꼭 음식을 먹었고 때로 간식을 먹으면서 습관적으로 대하였던 물질에 관(關)하여 새삼 그 가치가 크게 느껴진 것을 깨달았습니다. 이제부터는 새 각오로 새벽마다 기도와 다음의 7일 금식도 마음 준비를 하여 신앙의 심정적 기대는 물론 본이 되는 생활을 하겠습니다. 인생에 큰 경험을 주셔서 어지간한 난관은 잘 헤쳐 나갈 것 같습니다.

큰딸 신영 2003. 3. 7

금식은 인내(忍耐)의 정점(頂点)

금식(禁食)은 아무나 하는 것이 아니라고 생각합니다.

신앙을 두텁게 쌓은 사람도 하기 힘든데 그렇지 않은 내가 도전을 하다니 내가 너무 부끄럽게 느껴집니다. 하루 동안 아무것도 먹지 않고 물만 먹어 보니 음식이 얼마나 귀중하며, 식사 시간이 새롭게 인식되었습니다.

금식의 가치를 알 것 같습니다. 밤새워 공부하느라 365일 중 100일 이상은 꼬빡 밤을 새웠는데 그것보다 더 어려운 것이 금식이구나 하고 깨달았습니다.

7일 금식을 4일 하고 도중에 끝내지만 저는 많은 것을 깨달았습니다. 앞으로 기도도 열심히 하고 성경책과 원리강론 책을 열심히 읽고 아버지 말씀을 열심히 듣기로 결심(決心)을 했습니다. 그리고 어머니 말씀대로 다음에 7일 금식을 꼭 도전해 보겠다고 느꼈습니다. 그때는 지금처럼 신앙과 동 떨어져 무조건 굶는 것이 아니라 기도의 말씀과 함께하는 금식을 할 것을 다짐해 봅니다. 비록 7일 금식을 도중에 포기한 것이라 생각되어 섭섭하긴 하지만 좋은 경험(經驗)이었다고 생각합니다. 많은 것을 느끼게 해주신 하나님과 부모님께 감사드립니다.

둘째 딸 신 2003.3.20

금식은 결심과 투지가 필요

이 세상 일중에서 굳은 마음을 먹는 것이 힘든 일인 것 같습니다. 진심으로 우러나와서 하는 일이 가장 보람된 일이라고 생각합니다. 마음을 먹고 진실하게 시작을 하였지만 이번 금식처럼 힘든 일이 있는 것을 또 한 번 깨닫게 되었습니다.

부모님이 아시다시피 저는 처음부터 자신이 없었던 상태였습니다. 사실 주변의 권유가 금식을 하게 된 90%의 동기였습니다.

하지만 한번 시작(始作)한 만큼 정말 잘해보고 싶었습니다. 부모님께서 항상 말씀하셨던 그런 영적(靈的)인 현상도 느껴 보고 싶었습니다.

그런데 그게 정말 두렵게 느껴졌습니다. 그래서 더욱 거부하게 되었던 것 같습니다. 지금 제 기분(氣分)은 솔직히 어떠한 만족이나 특별한 감정을 느끼고 있지 못합니다. 부모님을 실망시켜드린 죄송함도 느끼고 있습니다. 제가 조금 더 성숙해 졌을 때 제 스스로가 부모님에게도 만족스러운, 또한 제 스스로도 저의 신앙에 진정한 모습으로 다가갈 수 있도록 더욱 노력하겠습니다.

제가 너무 투정을 부려서 너무 죄송합니다. 지켜봐 주세요. 성경도 열심히 읽고 알찬 방학도 보내도록 노력하겠습니다. 엄마 아빠 감사합니다.

넷째 딸 신혜 2003.8.12

아들은 군 복무 중으로 금식을 하지 못했다.

아내 백춘희(白春姬)

백춘희 (53년생) 대구현풍 출생

백남수(白南壽) 김정의(金貞義)여사 와의 2남 4녀 중 3째 수원 백씨, 교회건립 헌신 봉사 상 (박종구 교구장 표창) 고양교회전도사, 25년 사모 플라워디자인 사범, 숍 운영, 해외여행 수차.

장인어른과 장모님

*4남매 양육

1. 건강하게 양육.

2. 적성에 맞게 일 (직업) 잘하게 양육.

3. 자녀 2-3명 이상 갖게 양육.

4. 형제자매간 화목하게 양육.

가족사를 쓰기 전에 첫째와 둘째를 낳고 골똘히 자녀 교육에 관해 아내와 함께 허심탄회하게 대화를 나누었다.

자녀 교육 지도(指導) 계획(計劃)

1. 생명경외(敬畏)사상 (생명의 주인은 하늘이시다.)

2. 천재(天才) 교육과 심정(心情) 교육. 원리 교육

3. 자성(自省Self Examination)과 각성(覺醒Awakening)의 유도

4. 부모와 자녀 책임분담(7세 90%,14세 60%, 21세 30%,정도)

5. 계단(階段)교육의 철저(토질과 씨앗선택, 과유불급(過猶不及) 주의(注意) 등

깊은 생각을 할 만한 지혜와 지식이 부족하여 생각의 초점(焦點)만 기술하였으나, 어디 마음대로 되는 것인가? 바쁜 세월 속에 무럭무럭 자라 줘서 이제는 부모 걱정을 하는 입장(立場)에 놓였다. 마치 시루에 콩을 담아 물만 하루하루 생각나는 대로 주었는데 저절로 콩나물이 자라서 뽑고 또 뽑아도 한정 없이 맛나는 훌륭한 반찬 재료가 된 것처럼 말이다.

이 아이가 어떤 사람이 될까? 무엇을 하고 살아갈까?

반듯하게? 모난 사람은 안 되어야 할 텐데….

특히 우리 삶이 곤고(困苦)로울 때가 환고향 이후 10여년 넘게 있었는데 신경을 거의 쓸 수가 없었다. 그 시절을 모두가 추억(追憶)어린 시절(時節)로 감회(感懷)를 공유(共有)함은 너무나 감사(感謝) 감격(感激) 할 수 밖에 없다.

아 멘

자녀 약설(略說)

첫째 딸 신영은

초등교육을 전공하고 현재 20년째 초등교사를 하고 있다. 딸 지은과 아들 현종, 현민 세 자녀를 양육 중이다.

첫째 사위는 일본어를 전공하고 T그룹에서 부장으로 근무하고 있다.

둘째 딸 신은

의대에 진학하여 전학년(6년)

을 장학금으로 수학하고 수석 졸업하였다. 서울 아산병원에서 인턴·레지던트 수련하고 내과전문의 전임의로 진료를 하다가 현재 T병원 내과 원장으로 있다. 준후, 선후 남매를 키우고 있다.

둘째 사위는 의대를 졸업하고 서울 아산병원 전공의 수련을 하고 내과전문의, 전임의 임상강사를 마치고 K대학 병원에 교수로 재직 중이다.

셋째 아들 용진은

토목공학를 전공하고 P사에 과장으로 재직하고 있다. 제은, 제민 남매를 키우고 있다.

며느리는 교육학을 전공하고 서울에서 임용고사 합격 후 현재 중등 과학교사로 재직 중이다.

넷째 딸 신혜는

지녀 중 4째이며 전주에서 출생하였고 3살 때 서울로 올라왔다. 건국대학교를 졸업하고 B사 비서실 대리로 근무하고 현재 파주에서 동건, 동찬 두 아들을 키우고 있다.

막내 사위는 서강대학교 물리학을 전공하고 LG 디스플레이 과장으로 재직 중이다.

아이들 교육방법

첫째는 두뇌, 둘째는 꼼꼼하게 학습을 정리 이해, 셋째, 예습(확실히 알고 넘어 감)이다. 그러므로 나는 학교의 학습 내용을 99% 알면 1 등급은 물론 1등 대학을 간다는 확신을 갖고 있다. 둘째 딸이 고2 때 학원을 가보겠다고 하여 등록을 시켰는데 3일 다니다가 학원비 환불 받아서 왔다. "왜 학원비를 도로 가져왔니?" 물으니 "학원에서 별(別)로 배울 것이 없어요." 하는 것이었다.

우리 아이들 과외는 첫째와 둘째를 피아노 교습 5년 정도 시킨 것이 전부이다. 첫째는 셋째를 둘째는 넷째를 가르치라고 했으나 따라 하지 않아서 몇 달 하다 그만두었다.

나의 교육철학은 인류 대학을 가는 것도 의미는 있겠으나 실력과 인성이 된다면 전문직 특히 의학을 전공해야 한다는 생각을 했다.

옛날 시골에서는 한의사보다 양방학 의사가 귀했다. 어른들 말씀에 7대의 공적을 세워야 사람 살리는 의사가 탄생한다는 이야기를 들은적이 있다. 그래서 나는 가능하다면 우리 아이들을 의학의 길로 가게 했다. 솔직히 말해서 아직까지는 1인 3역을 할 수 있는 직종이기도 하다. 나와 이웃을 위해 인의(仁義)를 실천할 수 있는 보람된 일이라 생각하기 때문에 둘째 딸을 의대로 가도록 지도하였다. 다행이 잘 따라주어 고맙게 생각한다.

나는 가문(家門)의 진로를 효가(孝家)와 더불어 의가(醫家)를 이루는 것을 희망하고 최대한 노력을 경주하려고 한다.

학기 초가 되면 담임교사가 나를 꼭 학교로 오라고 요청하는 경우가 많았다. 담임교사를 만나면 '집에서 어떻게 아이들을 교육하시는지?' 궁금하다는 질문을 하면서 아이들 칭찬을 많이 하였다.

따르릉 벨소리

세월이 약(藥)이라는 말이 있지만, 세월 이길 장사(壯士) 없다는 말도 실감하며 살았다. 잊혀 가는 과거(過去)속에 대충 큰 것만 기억하기도 힘들다.

공부하는 아이의 걸려오는 전화 한통, 그때의 추억은 잠 못 이루는 즐거운 밤이 아주 많이 있었다. 한 달 중 1주일은 넘었던 것으로 짐작이 드는데 아마도 시험 기간으로 추측된다.

가게에서 집에 오면 새벽 1~2시가 되는데, 막 누우려는 때에 '따르릉 따르릉' 휴대폰이 울린다.

"아빠 30분 후에 깨워 주세요."

"1시 30분 알았다."

기다리다 전화를 걸면 신호가 5번 정도 가야 전화를 개미소리 만하게 받는다.

"예. 아빠 30분만 더 잘게요."

"그래."

다시 기다리며 책보다가 또 깨운다. 그때야 정신을 차렸는지 시간이 없단다. 그제야 우리도 잠이 든다. 이런 날이 얼마일까? 어제, 오늘, 내일 아무리 전화가 와도, 잠을 2~3시간 밖에 못 자도 행복하면 그만 아닌가! 너무 즐거워서 잠 못 이루는 부모는 행복하다. 무슨 시험이 그리 많은가? 1년에 100일은 공부로 밤을 낮 삼아 살아가는 것 같은데 타고 나지 않는다면 하겠는가!

땀과 눈물 흘리는 노력으로 꽃을 피는 것이 힘들어도 고생(苦生)이란 이런 것이라는 생각을 않해 보고 지금까지 살아왔다. 이 말을 들으면 모두가 거짓말한다 할 것이다.

하지만 정말 재미있게 살았다는 생각뿐이다. 이건 우리 부부가 증명(證明)한다. 몇 번이나 아빠 '호출령(呼出令)'이 떨어졌는지 '달력에 적어 놨더라면 참 기념이 되었을 텐데….' 하고 요즘 생각한다. 세월을 유수(流水)라 한다면 나영호의 인생 세월은 호출 벨소리가 그 어려운 10년여를 저만큼 옮겨다 놓았다 할 수 있다. 바람결에 나부끼며 희끗희끗 흘러내리는 멋진 머리카락 자태로 나를 만들어 놓았다.

온 식구가 자주 이사를 하였는데 그 관계로 아이들의 학교도 보통 3~4회 전학을 하게 되어서 자연(自然)히 학업 성적은 1~2 단계 손해를 감수할 수밖에 없었다.

'전학을 조금 덜 다녔더라면….'하는 생각을 하여본다.

그런데 전학을 왜 이렇게 자주 하느냐고 불평을 한 번도 들어보지 못한 것이 지금에 와서 생각해보니 참으로 신기(神奇)하고 고마운 일이다.

나와 아내의 언약

언젠가 내가 유럽으로 여행을 갈때였다. 비행기를 14시간 타고 오는 거리였다. 그동안 평탄한 행복을 누리고 살았었는데 사람일은 누가 알겠는가?

나는 아내의 손을 잡고 말을 했다. 만약 내게 무슨일이 생기면 집을 팔아 반은 당신이 가지고 반은 아이들의 교육비로 지원해줬으면 한다고 했더니 아내는 쾌히 승낙하였다.

약설하면 아이들 가정 중에 교회 신앙과 효성심이 있고 성적이 우수하여 의대에 합격하면, 할아버지·할머니가 장학금을 보조한다고 자녀들에게 이야기를 했다.

손주들의 꿈과 희망을 키우는데 그깟 돈이 대수겠는가 내가 가진 것들은 모두 하늘에서 받은 것이니 나의 손주들의 앞길을 열어주는데 더 못 주어 아쉽기만 하다.

자녀들의 마음

사랑하는 아버지께!

아버지, 큰 딸이에요.

연이은 한파에 그렇지 않아도 거친 손, 갈라지진 않으셨는지 걱정이네요. 귀찮으시더라도 로션 잘 챙겨 바르셨으면 좋겠어요.

아버지, 이번 해로 축복을 받은 지 10년이 되더군요.

어느덧 아이 셋을 키워야 하는 직장맘으로 하루하루 바쁘게 지내다 보니, 친정이 아무리 가까워도 자주 찾아뵙지 못해 죄송할 따름입니다. 그래서 전화라도 자주 드리려고 했는데, 이렇게 편지를 쓰는 건 정말 오랜만인 것 같아요.

25년간 교회공직을 마치시고 저희 4남매를 키우시고자 개인 사업을 시작하셨던 부모님. 그리고 그렇게 바쁘셨던 중에도 가족 훈독회와 주일 새벽기도 시간을 통해 저희들이 보다 바르게 자라도록 정성을 기울이셨죠.

저를 닮은 아이들을 볼 때마다 저 또한 아버지의 모습이 제게 투영되어 있음을 느낍니다. 또한 아이들에게 하는 저의 말과 행동들 속에서 아버지 또한 제게 그러하셨음을 새삼 떠올리게 됩니다.

이렇게 제가, 세 아이의 부모가 되어보니 그동안 아버지가 베풀어주셨던 사랑에 얼마나 많은 노고가 뒤따랐던 것인지 알게 되었습니다. 이제 날로 쇠약 해 지시는 모습을 볼 때마다 마음이 아픕니다.

언제나 큰 나무가 되어 힘든 일이 있을 때마다 포근하게 감싸 안아주셨던 아버지! 저의 어린 시절을 행복하게 꾸며주셨듯이 이제 제가 부모님의 남은 삶을 아름답게 장식해 드릴게요.

아버지! 사랑하고 존경합니다. 언제나 건강하세요.

큰 딸·사위 올림

그 무엇보다 귀중한 아버지의 유산(遺産)

아버지, 『목회의 길을 묻다』 회고록 발간을 축하드립니다.

아버지께서 처음 회고록을 준비 하시면서 3년 전 쯤 "가족 코너에 너희들 글이 들어 갈지 모르니 좀 생각해 두어라" 하시고는 잊고 있었는데 작년에 다시 "일전에 이야기 했던 글을 써 메일로 보내라" 하셨습니다. 처음이라 무엇을 어떻게 써야 할지 엄두가 나지 않았습니다.

3년을 준비하신 원고를 탈고까지 하여 한번 읽어 보라고 메일로 보내 주셔서 받아 궁금하기도 하여 해외에 나와 있는 동안 밤을 새워 다 읽어보니 눈물이 앞을 가리고 할머니께 효성을 다하시던 아버님 얼굴이며 지난 40년 간의 시절이 되살아났습니다.

그리고 처음으로 아버님을 생각하며 글을 쓰게 되었습니다.

아버님 감사합니다.

아버지의 70여 평생(whole life)을 담은 이 책을 통해 아버지의 어린 시절, 청년 시절, 장년 시절 그리고 저희 가족의 모습들을 떠올릴 수 있게 기록되어 감회(感懷)가 새롭습니다.

아버지께서 젊은 청년 시절부터 열정(熱情)을 바치신 공적(公的) 생활을 읽어 보면서 무척 감동을 받았고 나도 무언가를 이루기 위해 그만큼 열정을 다하고 있는지 뒤를 돌아보는 계기(契機)가 되었습니다.

공적생활 이후에는 우리 가족을 위해 희생(犧牲)하시며 많은 고난과 역경(adversity)을 헤쳐 나가셨던 모습에서 부모님의 숭고(崇高)함을 느끼며 눈물과 함께 존경스러운 마음을 감출 수가 없었습니다.

자녀들에게 항상 본보기가 되어 주시며,

연세(年歲)가 드셔도 항상 책을 가까이 하셨던 아버님. 언제나 저희들에게 당신이 깨달은 삶의 지혜들을 가르쳐 주시고자 이 글을 남기신 아버지가 무척 자랑스럽습니다.

항상 밖에서 들어 오시면 어데 어데서 무슨 강연을 하고 누구를 만나 이야기를 하셨다며 경험담을 자주 말씀하셨는데, 지금 생각해 보니 교육의 실천 중 하나였구나 하는 생각이 듭니다.

언젠가 영주국민학교 강당에서 민방위대원들에게 강연을 하는데 뒤 편에 어느 대원이 떠들어서 "큰 소리로 앞으로 나오세요! 앞에 마이크 드릴 테니 하고 싶은 말을 하세요"라고 했더니 나오다 말고 앉으면서 "조용히 하겠습니다." 했다고 하시며 분위기나, 실황(實況) 등(等)을 자세하게 들려주신 적이 여러 번 있었습니다.

아버지! 어언 세월이 많이 흘러 저희가 한 가정을 꾸리고 아이들을 키우며 직장 생활을 하는 사람으로 어떤 일을 하면서 판단(判斷)이 잘 안 설 때는 항상 '아버지였다면 어떻게 하셨을까?' 생각하며 이 세상을 헤쳐 나갔던 것 같습니다.

그만큼 아버지께서는 제 인생의 이정표(里程標)셨습니다. 그런 저에게 이 책은 아마도 귀중한 아버지의 유산이 되지 않을까 싶습니다. 아니 저 뿐만 아니라 저희 대(代) 이후 자손들에게 주신 귀중한 유산(遺産)이 될 것 같습니다. 600여 페이지의 원고와 두 권의 책을 쓰시기 위하여 옛날 일들을 책 더미 속에서 찾아내어 정리하시고 워드를 손수 치셨을 그 모습이 눈에 선합니다.

저희들에게 남겨 주실 자서전을 탈고(脫稿) 하시기까지 수고 많으셨습니다.

앞으로 여년(餘年)은 광영(光榮)의 기쁨이 넘치시는 나날 되시기를 빕니다. 특별히 건강을 유의(having an intention)하시고 자주 안부 인사 드리고 찾아 뵙겠습니다.

둘째 딸·사위 올림

아버지는 항상 가르침을 주시는 분

아버지 autobiography 발간을 축하드립니다.

언제인지 까마득한 일이지만 아버지의 가르침이 기억이 납니다

아버지는 조용하게 말씀을 꺼내셔서 금방 진지한 모습으로 저에게 많은 가르침을 주셨습니다.

사람이 잘 사는 것이 어렵다고 보통은 말하지만 사고의 전환에 따라 꼭 어려운 것만은 아니라고 하셨습니다. 학창시절에는 "공부를 잘하고 싶으냐?" 물으시면서 "결과에 너무 집중하지 말고 공부 잘하는 친구를 교훈삼아 배우거라. 그리고 기본에 절대 충실해라. 초등학교 1학년부터 실수나 착각을 제외하고 교과서 학습에 집중하면 중·고교에서도 그 효과가 나온다."라고 하셨습니다.

제가 장성해서 취업을 앞두고 있을 때 "돈을 많이 벌고 싶으냐?"라고 물으시며 "선한 부자(富者)의 자세를 모방(Imitation)하라."라고 가르침을 주셨습니다. 그후에도 결혼을 앞두고 가정을 꾸리려 할 때 "행복한 삶을 살고 싶으냐? 행복하려면 행복한 가정을 찾아 잘 지내며 know-how를 캐내라"라고 당부하셨습니다.

아이를 낳아 가르치려 할 때 "자식을 잘 키우고 싶으냐? 그러려면 삶의 본질을 찾게 도와주면서 천재교육, 심정교육, 주관력(기술) 교육을 하면 된다.(성화학생교육) 자식 잘키우는 친구의 장점(비법 secret process)을 배우는 것이다."라고 말씀하셨습니다. 그리고 부언(附言)하시는 말씀은 "너는 보통 사람이다. 왜? 아버지가 보통 사람이기 때문"이라고 하시며 혹시나 잘못되지 않기를 바라는 부모교육의 자세를 바로잡아 주셨습니다.

이날까지 살아오면서 아버님의 가르침은 **뚜렷한 자아 실현을 위한 목표를 가지고 닮기, 동행, 친구되기, 습관 고치기, 자기주관 버리고 상대방 칭찬** 등이었다고 볼 수 있습니다. 그러나 실천하기는 그리 쉬운 일만은 아니었습니다.

늘 말씀하시는 "출중(出衆)한 사람이 되는 것이 전부는 아니지만 주목(注目)받는 사람이 되는 방법은 오로지 한길 뿐이다. 그 길은 마음과 몸으로 꾸준한 땀과 눈물을 흘리는 노력뿐"이라고 하신 말씀을 가슴깊이 새기며 나름대로 가르침을 지키고 살아왔습니다.

다시 돌아 생각해보면 아버지는 숨은 노력가(努力家)이십니다.

초저녁에 주무셔도 늦은 새벽에 다시 일어나 서재에서 책을 보시는 모습을 자주 보았고 읽을 책이 많으니 서재의 책은 절대 버리면 안된다고 하시는 모습이 늘 묵상하며 공부하고 계시구나 하는 생각이 들었습니다.

제 생각에는 다독·다작을 늘 하시니 또 한 번의 귀중한 책이 출판될 것 같습니다.

가장 기억에 남는 말씀은 식사하실 때마다 맛있는 것을 먹을때는 "부모님이 제일 먼저 떠올려야 하고 자식(子息)은 다음이다." 라고 하시며 효도(孝道)가 으뜸이고 자식에 대한 사랑은 그 다음이어야 한다고 말씀 하셨습니다.

"공(功)은 자식을 위한 헌신이나 봉사는 당위(當爲)이기에 안 된다"라고 당부도 잊지 않으셨습니다. 제 생각엔 그래도 우리 4남매를 위한 아버지 어머니의 노고와 헌신적 사랑은 자식을 으뜸이라고 생각하시고 최선을 다하신 결과라고 저는 확신합니다.

어언(於焉) 세월은 유수와 같이 흘러 저희 4남매 9손 자녀들이 무럭무럭 자라나, 그 모습을 보시고 기뻐하시는 모습을 볼 때마다 저 또한 아버지 어머니께 감사드리며 기쁨이 넘칩니다.

그간 돋보기를 오래 쓰셔서 시력이 0.3은 떨어지셨다고 하셨는데 탈고까지 마친 두 권의 책 회고록 『목회의 길을 물었다』와 수상록 『내 영혼이 사랑한 것들』을 재산(財産)으로 물려주셔서 너무 감사드리며 앞으로 잘 읽고 만세의 가르침을 받들어 효도하겠습니다. 아버지 사랑합니다.

셋째 아들·며느리 올림

아버지! 어머니!

오늘은 늘 '아빠'라고 부르다가 이런 자리를 빌려 '아버지'라고 불러 보려니 새삼스럽기도 하고 부끄럽기도 하지만 그래도 '아버지'라 불러보고 싶은 그런 날 입니다.

어린 시절 제가 늘 툴툴거리며 어머니께 우리는 왜 이렇게 식구가 많냐고 투정을 부릴 때마다 어머니께서는 "아버지가 없었으면 너는 이 세상에 없었을지도 모른다."라는 농담을 들으며 자란 넷째이자 막내입니다. 어린 시절 교회에서 생활하여 많은 기억이 있진 않지만 주일 아침마다 졸린 눈을 비벼가며 아버지의 설교를 들으며 컸습니다. 그때부터 이미 아버지의 말씀은 저에겐 제 삶의 밑거름이었는지도 모릅니다.

사실 그것을 깨달은 것은 얼마 되지 않았습니다.

결혼을 하고 한 아이의 엄마가 되어보니 아버지가 강단에 서서 많은 이들의 귀감이 되는 주옥같은 말씀을 하시고 존경 받으셨던 생각이 많이 납니다. 정말 자랑스럽습니다.

또한 아버지는 오랫동안 목회(牧會)생활을 하시고 그 이후에는 작은 화원을 어머니와 운영하셨는데 늘 한결같은 모습으로 꾸준히 쉬는 날 하루 없이, 가게를 지키시며 저희 4남매를 누구에게도 부끄럽지 않게 키워내셨습니다. 아버지의 대단한 정신력과 부지런함, 정직함 등 그 어떤 수식어도 아버지에게는 부족한 것 같습니다. 저도 아버지의 그런 모습을 꼭 본받아 훌륭한 어머니가 되고 싶습니다.

그런 아버지께서 처음 자서전을 쓰신다고 하셨을 때 옆에서 보필해 드리지 못했지만 바쁘신 중에도 자서전의 끝이 보이는 것을 보니 다시 한 번 아버지가 존경스럽습니다.

사람이 말을 하고 그것을 실천하는 것은 매우 어렵다는 것을 살면서 느끼고 있었는데 그것을 아버지께서는 또 해내신 것 같습니다.

아버지! 항상 건강하세요. 아버지의 막내 딸, 사위, 손자들이 언제나 아버지를 마음으로 존경하고 사랑합니다.

아버님, 막내 사위가 아버님 자서전 출간을 기념하며 몇 자 적어 봅니다. 인생을 살아가면서 정직함과 성실함을 강조해 주시고 항상 저희들의 귀감이 되어 주신점 존경합니다. 항상 그 가르침 잊지 않고 인생을 살아가면서 실천에 옮기고, 저 또한 사회와 가정에서 존경받는 사람이 될 수 있도록 노력 하겠습니다.

아버님, 몇개 월간의 노력으로 자서전이 완성에 이르렀습니다. 다시 한 번 경의와 존경을 표하며, 이십 년 삼 십 년의 시간이 흐른 뒤 저 또한 아버님처럼 사회와 가정에서 존경받는 사람으로 인생의 경험과 결과를 글로 후대에 남길 수 있도록 하겠습니다. 아버님, 존경합니다.

막내 딸·사위 올림

손자 손녀들의 마음

사랑하는 외할아버지께.

할아버지, 자서전 출판을 축하드려요.

외할아버지께서 70년 이상 살아 오시며, 겪고 느끼셨던 많은 이야기들을 자서전을 통해 알게 될 것 같아요! 어떤 책보다 기대하고 감사하는 마음으로 열심히 읽을게요.

저도 할아버지처럼 훌륭한 자서전을 쓰기위해 더욱 알찬 삶을 살도록 할게요!

언제까지나 건강하세요. 사랑해요.

첫째 손녀 올림

To my grandfather,

my Chinese alphabet teacher and the best author in the world

I remember when I was 5. After catching 5 cicadas and let 1 cicada go, we sat on the ground, counted their wings and looked closely at their eyes. We counted leaves on an acacia branch, but we missed the number on 16 and counted it again and again. I miss that time.

Congratulations for your publication! In USA, there is almost everything, but my grandparents who always took good care of me. Of course, your book will be my best book I'd ever read. And I'm sure that your book will be good advisor for other people, too. You're my best teacher ever!

Thank you for everything!

둘째 손자·손녀 올림

7부
나의 목회 나의 설교

목회(牧會:Pastoral care)란 무엇인가?

목회는 어떻게 하여야 하나!

1970년 5월 어느 날, 서울로 상경하여 이요한 목사님을 예방하여 물었다. 그 대답이 될지는 나도 장담 할 수 없다. 20년쯤 지났을 때 나름 정리를 한 것을 기술하여 본다.

우선 목회라 함은 목자(牧者)와 교회의 양(羊)으로 비유되는 교인의 모임이 중심배경(背景:scenery)이 된다. 즉 이들 양자의 관계의 문제이다. 성경 (빌립보 1:9~11) 너희 사랑을 지식과 모든 총명으로 점점 더 풍성하게 하사.~~예수그리스도로 말미암아 의의 열매가 가득하여 하나님의 영광과 찬송이 되게 하시기를 구하노라 (딤전 3:4~7) 자기 집을 잘 다스려 자녀들로 모든 단정함으로 복종하게 하는 자라야~ 또한 외인에게서도 선한 증거를 얻은

자라야 할지니~등 목자의 자질 자격 임무를 설명하고 있다. 이외에도 많은 성경구절이 있고 말씀, 경전(經) 등에 기술하고 있다.

1. 목자(牧者)의 임무

목자의 임무를 크게 진리(眞理)의 말씀, 성례(聖禮), 치리(治理)의 직무로 역할을 나누어 설명하고자 한다.

말씀선포(케리그마) : 목자는 하나님과 교회 식구를 위해 기도하고 성경, 원리말씀으로 교훈하고 강도(講道)를 한다.

예배(레이투르기아), 교육(파이데이아) : 하나님께서 위임(委任)하신 예배, 성례(聖禮)를 집례하고 그 권위로 축복한다. 어린이나 청년을 교육하며 기도하고, 교우를 심방하고 환우(患憂)나 궁핍한 식구, 환란(患亂)을 당한 교우를 위로한다.

봉사(디아코니아)와 친교(코이노니아) : 섬김과 봉사는 이웃의 필요에 따른 섬김을 실천하고 교제와 협동은 영적인 교제와 심정의 교류로 소명감을 공감하므로 신앙 성장이 되도록 한다. 교회 안에 제직(諸職)을 장로와 협력하여 치리권을 행사한다.

이 외에도 선교사, 사회구원을 위한 방송 신문 교육자등의 직무를 하게 될 때도 있는데 각각 사람들의 마음에 덕(德)과 유익(有益)한 성경 말씀의 씨를 뿌리고 결실 하도록 힘써야 한다.

기본적으로 목자는 마 5:48 말씀처럼 '하늘에 계신 너의 아버지의 온전하심과 같이 너희도 온전하라' 하신 즉 하나님의 말씀, 심정이 통하는 신성(神性)을 띤 존재이어야 한다.

2. 성도의 임무를 보면

(에베소 4:11~12) 그가 혹은 사도로, 혹은 선지자로, 복음 전하는 자로 목사와 교사로 주셨으니 이는 성도를 온전케 하며 봉사의 일을 하게 하며 그리스도의 몸을 세우려 하심이라.

성도(聖徒)는 교회 안에서 목자와 함께 은혜가 넘치는 온전하고 건강한 모임을 창조하여야 한다. 이를 위하여 그리스도의 사랑으로 봉사와 친교를 통하여 풍요(豐饒)하게 성장하는 이상향(理想鄕)인 교회를 만들어야 한다.

3.목회란?

목회(pastoral care)란 하나님께서 부르신 사명(使命)자로서 온전한 지도자(목자)가 교회를 담임(擔任)하여 설교하며 성예전을 베풀고 제직(諸職)회를 행정적으로 관리하며 성도 개개인의 영혼을 돌보아 신앙생활을 온전하게 지도하는 사역(employment)을 뜻한다. (마 5:48, 요 14:10~)

그리고 목회의 목적(目的)은 창조주 하나님의 진리 말씀과 참사랑이 풍성한 교회 공동체(共同體)로 선주권(善主權)의 하나님의 나라를 건설하는데 목적이 있다. (마 3:2 4:11 5:19 13:11)

4. 이 논제(論題)에서 키-포인트는

목회자의 자성(資性) 자질과 인성이다.

필자가 20세에 목회자 사령장을 받고 현(賢)인을 찾아간 것도 천지(天地)에 조금 성실하게 봉사를 한 것 밖에는 별 다른 자질이 없었다. 전혀 상상해 보지도 않은 일을 만나니 당황(唐慌)이 되어 방법을 찾으려 갔었는데 "특별한 비법이 없다."라고 한 말씀만 하셔서 되돌아 왔다고 하였다. 이제 목회자의 자질(資質)과 인품을 좀 더 구체적으로 알아보자. 동시에 목회란 어떻게 하여야 하는 것인가 겸하여 생각하여 보자.

앞서 임무를 논하였지만 말과 행동이 여일(如一)하지 않은 경우를 보듯 원리를 똑같이 수련교육을 받아도 이해도(理解度)는 상이하고 풀어 응용하는 폭은 사람마다 다르다. 각인이 서로 다른 개성 진리체(이성성상)이기 때문에 지도 교육이란 지극히 어려운(難) 문제가 많다.

그래서 목회라는 사역(使役)은 개개인들이 타고난 소질과 습득한 경험이 상이(相異)하므로 일률적으로 적용하기가 난점(難點)이 많다. 단(旦) 한 문장으로는 천하(天下)의 명사인들 현답(賢答)을 하기는 불가능하리라 사료가 된다. 이요한(李耀翰) 목사님의 입장이 충분히 이해된다.

자성(資性)과 목회의 실제

1. 천품(天禀)이 좋아야한다.

조상님으로부터 물려받은 바탕을 천품(천성)이라 말하는데 흔히 선조(先祖)의 공적이 많은 사람의 자태(姿態)는 많이 다르다.

아는 것(知)에 있어서 생이지지(生而知之)라는 말의 뜻은 학이지지(學而知之)의 학습을 통한 앎이 아닌 나면서 알고 있다는 말이다. 천이지지(天而知之)라는 말이 있다.

참부모경 41p에 "나는 나면서 알고 배워서 안 것이 아닙니다. 천이지지라는 것입니다. 나는 하늘의 뜻 가운데 태어나서 안다는 것입니다, 하나님의 마음까지 알게 된다는 것입니다. 그러하기 때문에 세계에서 지금까지 반대를 받으면서도 그 세계에서 죽지 않고 살아남은 것입니다." 라는 말이 있다.

성서에서 하나님은 중심인물을 선택(selection)하는 조건은

① 선민(選民 chosen people) ② 선한 공적을 가진 인물 ③ 인성의 천품(inherency) ④ 후천적 환경조건 ⑤ 하늘의 소명(召命)에 응(應)할 때와 장소가 일치(원리강론179p)이나 이렇게 존재의 선후(先後)·전후(前後)·좌우(左右)·상하(上下) 8방의 배경에는 억만(億萬)·겁(劫)의 사연이 있어서 삶에 영향을 주고받고 한다. (롬 9:11~15 롬 9:21)

2. 탁월한 지도력 지략(智略) 함양(涵養)

인성에는 IQ. GQ를 우위(優位)에 가지고 있어야 한다. 지능지수(知能指數)나 감성(感性)지수(指數)가 발달하여야 좋다. 유전학적 지식과 영재(英才)교육 프로그램을 숙지하여 성장 동인을 신장(伸張)시킨다.

영(靈)·육체의 오관이 계발되어 상위(上位)에서 직관(直觀) 할 수 있어야 높이 멀리 통감할 수 있기 때문이다. 리더로서 정확도 있는 판단 결단이 수백 수천을 효율적으로 리드할 수 있기 때문이다. 백전일승이냐 백전백승이냐, 종국에는 지도·역량의 차이이다. 세계 해전(海戰) 사상 이순신 장군을 적국에서 조차 추앙하는 이유는 탁월한 지략이 있었기 때문이다. 유무(有無)형(形)의 사탄의 세력과 싸우려면 탁월해야 한다.

3. 기본 텍스트의 전문(專門)성 함양이다.

설교의 요체는 성서 이해와 감동을 얼마나 받았느냐에 자기 확신과 전달 교육에 신념이 있어야 사자후(師子吼)를 토할때 식구들의 신뢰가 깊어진다.

우리의 무기(武器)인 원리 이해도(理解度)도 문제이다. 첨단의 시대이니 누구를 탓할 일은 아니지만 상품 소개하듯 하는 프리젠테이션식 원리 강의는 예전의 감동만 못한 것은 누구나 지적을 한다. 과연 자기개발과 영성(靈性)감득(感得)이 확실하게 전달이 안 되는 까닭은 무엇인가. 필자는 옛 사람은 아니다 자기공부 만큼은 철저하게 확지(確知)하여야 한다. 전 과목 14 챕터를 혼자 강의 했던 시절은 나 하나만의 일이 아니다. 다 외우고 요점을 판서(板書) 할 수 있는 정도의 실력이라면 어떤 도구라도 상관이 없다. 적어도 성경과 원리강론에는 전문가적 경향을 띄어야 할 것으로 생각한다. 경주에서 설교를 마치고 내려와 잠시 앉아 담화를 나누는 중 새 식구가 한마디 한 말이 아직도 머리카락을 곤두서게 한다. “제가 사회생활을 하며 풍파에 하도 씻겨서 경건한 하나님의 말씀을 듣고 성별(聖別)을 하러 왔습니다.” 하면서 잘 알지 못하면서 세상적인 지식을 흔하게 설교를 하는 예(例)가 많다.

‘나는 무슨 전문가인가!’ 결코 떡 만들 때 떡판 탓을 하는 즉 환경 때문에 좌지우지 하지는 않아야 한다.

4. 화법(話法) 연마이다.

앞 장(章)에서 화술(話術)을 논하긴 하였으나 흔히 “말 잘 하네” 하는 식이 아닌 화술을 뜻한다.

대학 청년시절 공부할 때 논리학과 웅변을 독학도 하고 학원을 잠시 엿본적이 있다. 전도라는 것이 교리를 화술로 토론하는 것인데 아무리 교리가 옳아도 논리전개를 삼단논법이든 기타 여러 방식들을 동원하지 않으면 패하고야 만다. 주제 이해와 대상을 파악함에 면밀하게 대비하여야 한다. 그리고 강론이나 설교 말씀을 전할 때 세속적 예화나 비유 보다는 성서(聖書)안에서나 동질사회 안에서 찾아 응용(應用)하였으면 한다.

설교나 강의를 할때는 교안을 필이 먼저 만들어 예상 시범을 꼭 시행하여 보고 녹음하여 다시 대상의 입장에서 청강하여 본다.

그리고 어떤 대상이라도 주눅들 일은 아니다. 나는 성서, 원리에 충실하면 그만이다. 선생님이나 명강사 앞에서 강의를 할 때 본류(本流)를 떠나지만 않으면 된다. 어느 지인 명사(名士)는 강연을 3분만 들으면 내용을 다 알아 버린다는 이가 있었다. 역시 그는 꾸준한 독서와 사색이 제일이었다.

5. 적응력(適應力) 신장(伸張)이다.

목회자가 사람을 가려서 대한다면 자기개조(自己改造)를 하던지 안 되면 만인(萬人)을 자식으로 품으시려는, 세상을 구원하러 오신 예수님의 제자, 양(羊)들의 목자는 포기해야 마땅할 것이다.

어떻게 관계를 지속하여 진면목을 상대의 심령속에서 꺼내어 양육(養育)을 할 수 있겠는가? 그리고 현대처럼 다양한 사회 구조나 기능들이 변천하는 세태의 격류에 존재할 수는 없을 것이다.

연사 소개가 과장은 아니어도 너무 유창하게 하고 나서 등단하면 부담이 크다. 그때에는 소개 내용이 과분하게 부풀려졌다고 부정법을 써서 시작하는 수가 있다. 역류의 물살을 타고 올라가는 물고기의 적응력을 연마(硏磨)하자. 스승님이 새의 동태 파악을 위하여 새집 앞에서 주야장천(晝夜長川) 쳐다보았다는 말씀을 듣고 필자(筆者)는 새와 눈이 서로 수백 번 마주 쳤을 것이며 어제는 오늘은 무슨 옷, 표정, 주변을 살피는 각양각색을 꿰뚫어 어 통각(通覺)하셨을 것을 알았다. 그리고 새 한 마리가 결코 아니다. 미루어 일반적으로 응용(應用)하고 전개(展開) 하셨을 것이라고 믿는다. 여기서 나는 공부 방법을 한 수 터득 하였다. 그 말씀을 듣고 매사를 생각하곤 했다.

6. 열정적 애착심(愛着心)의 발로

필자가 선생님을 존경하는 이유 중에 하나는 밤을 꼬박 새워 강연을 하시며 사탄으로 잠든 영혼들을 다 쫓아내시며 열변을 토로하시는 모습이다. 1000명 정도의 식구들에게 두 번 다시 만나지 못할 헤어질 기로(岐路)에서 처럼 사람에 대한 애착심 말이다. 비슷한 무기체계를 가지고 전쟁 상황이 벌어졌을 때에는 정신력의 싸움이 승패를 가른다. 1:1의 구도(構圖)에서 리더의 능력이나 나의 일을 한다는 주체성을 지닌 그룹은 당해 낼 수 없다. 열정(熱情)과 애착심은 승패를 좌우 한다

승리자(이스라엘) 야곱이 얍복강에서 천사장과의 싸움에서 승리한 것처럼 말이다. 날이 새는 새벽까지 씨름을 하였으니 그 어느 사탄인들 도망치지 않을까? 가장(家長), 사장 특히 전쟁 중의 사령관은 지치고 나태할 수가 없는 것이다. 진다면 죽음이기 때문이다. 식을 줄 모르는 열정은 아무도 이길 수 없다.

왜 목자들이나, 도인들이 기도원이나 산속을 헤매고 있나? 갈급한 나머지 식어가는 영혼에 불을 붙여 일어서려는 피나는 노력이다.

우리는 매마르고 갈라진 가냘픈 영혼에 불을 붙여줄 활활 타오르는 불덩이가 되어 있어야 한다.

7. 목회 지도자와 가족(family)

(마 10:36) 사람의 원수가 자기 집안 식구이니라. 원수란 사탄과 죄악이다. 시련이란 은사를 부르는 일면도 있으니 원수란 고통의

하나로 극복할 대상이기도 하다. 지도자는 가족이나 친인(親姻)들의 생활도 예의주시하고 관리할 필요가 있다. 통용(通用)하는 사회에서 측근인 가족의 문제는 미담(美談)보다는 험담과 악담이 더 많다. 사모는 전 교인들의 모심을 받기에 흠이 없어야하고 자녀들도 한결같은 모범을 나타내어 목회의 효과를 극대화하여야 한다. 나 이외의 대상은 모두 가인으로 모시거나 주관하거나 해야 할 존재이다. 한마디로 부모의 심정과 종의 자세로 희생 봉사 겸손 인내 사랑하면 된다고 본다.

8. 목회자의 끈임 없는 노력을 한다면 무엇을 할까?

기본텍스트북 외(外)에 목회신학, 목회상담학, 종교고고학, 지리학, 종교사(宗教史) 등과 첨단의 이 시대에는 과학적 사고를 할 수 있는 수학, 물리, 화학, 공학도 필요하므로 연구(研究)하고, 사색(思索)을 해야 한다. 필자가 수상에서 언급을 했지만 모든 종교〈제(諸)종교, 제(諸)경전들〉의 일독이 필요하다.

9. 성약(成約)의 말씀무장(武裝)

하나님은 타락한 인류 구원(救援)의 섭리를 시대에 따라 섭리를 달리하셨다. 타락한 아담이후 아브라함까지는 제물(가인 아벨 곡식 양, 노아 방주, 아브라함 3제물)섭리로 모세 십계명으로는 구약시대로서 예수그리스도가 강림하실 때까지 섭리하셨다.

예수님의 재림때까지는 신약을 믿으면 구원을 받는 섭리이셨다. 2000년 지난 이 시대는 구약과 신약의 약속을 완성하는 성약 시대로 새 진리(원리)를 가지고 재림주님 구세주(救世主)가 강림하셔야 한다.

이때를 성약시대라 한다. 이 시대는 갈급한 심령에 젖어 있는 양심의 소리를 듣고 행동을 하고 좁은 길이, 조소와 비난이 있는 곳에 어린아이 같은 순진한 충동에 선뜻 나서야 한다. 기존 가치관이 비록 큰 길이라 우선 편할지 모르나 예수님은 좁은 길을 택하라 하였다. (마 6:13~14)

말씀을 어디에 차곡차곡 쌓아 놓았는지 마치 누에 실타래 풀리듯 나오시는지, 아직도 궁금하다. 아마도 역사 6000년의 천비(天秘)인 원리(原理)를 나타내시려니 숨 쉴 사이가 없이 진리 말씀을 우리에게 보물(寶物)로 성약(成約)을 주시고 천상에 계신다. 우리는 교육과 수련(修練)으로 체휼(體恤)해야 한다.

진리(眞理)의 뜻

성경 말씀은 진리인가 ?

진리(truth)란 참된 도리(道理)로서 누구나 인정할 만한 보편(普遍)타당(妥當)한 지식을 뜻한다. (잠 12:17)

진리는 창조주 하나님의 거룩한 속성(屬性) 중의 하나다. (신 32:4 사 65:16)

즉 하나님은 변함이 없으시며 영원히 진실하시고 참되시다

(출34:6 시 25:5 146:6) 또 하나님의 행사는 진실하시며 (시 33:4) 그 분의 판단과(롬 2:2) 그분의 말씀은 진리이다.(시 119:160 요 17:17) 그래서 하나님은 진리로 인생을 구원하시며 보호하신다.(시 57:3 91:4~1)

이렇듯 구약(舊約)에서 진리란 주로 하나님께서 보여 주시는 섭리 안에서의 "뜻·의지(意志)", 혹은 하나님의 말씀을 의미한다.(시 19:9 86:1)

이에 비해 신약(新約)에서 진리는 대부분 그리스도 자신이며 그분의 복음(福音)을 의미한다.(요 14:6~17), 이 진리는 죄인을 구원하고(엡 1:13, 살후 2:13), 거듭나게(중생) 하며 (엡 4:24 약 1:18), 보호(保護) 할뿐 아니라(시 61:7, 잠 20:28), 거룩하게 하며 (요 17:17~19) 그 영혼을 죄악(罪惡)에서 구원하시고 깨끗하게 하신다(벧 1:22).

원리(原理)란 인생과 우주에 관한 하나님의 창조이상과 인류 6000년 구원섭리 목적을 실현할 수 있는 새시대에 부응하는 새 진리를 말한다. 그리고 종교와 문화, 제반 주의(主義)를 통일 승화시키고 지상천국과 천상천국을 창조할 수 있는 진리말씀 이어야 한다.

나의 지론(Pet theory)
수수(授受)법(法)

나는 생(生)을 영위(營爲)함에 있어서 수수(授受)원리(原理)와 인과(因果)원리를 터득(攄得understanding)하면 인간(人間)으로서 잘살 수 있겠다는 생각을 오래전(前)부터 해왔다.(인과법은 수상록에서 언급)

수수란 줄 '수(授)'와 받을 '수(受)'란 말로 매우 쉬운 말이다.

그러나 대다수가 주고받음이 원만치 못하여 고난과 슬픔이 찾아오고, 사업적으로는 큰 손해를 보고 망(亡)하기까지 한다. 발전을 하지 못하는 주(主)원인도 따지고 보면 수수의 작용(giving and receiving)이 원만치 않은데 기인(基因)하고 있다.

종국(終局) 생의 말로(末路)에 가서 '천국을 가느냐? 지옥(hell)을 가느냐?' 하는 인생 최대(最大)의 문제도 이 단어 속에 있다고 본다.

1. "만유원력과 수수작용(unification principle)"

창조론의 2절에서 인용(引用)된 하나님은 모든 존재의 창조주로서 시간과 공간을 초월(transcendence)하여 영원히 자존하는 절대자(absolute)이며 자존(自存)하기 위한 근본적인 힘도 영원히 자존하는 절대적인 것이다. 동시에 피조물이 존재하기 위한 모든 힘을 발생케 하는 힘의 근본이기도하다.(만유원력(萬有原力))

모든 존재를 이루고 있는 주체(subject主體)와 대상(object對象)이 만유원력에 의해 상대기준을 조성하여 잘 주고 잘 받으면 여기에서도 그 존재를 위한 모든 힘 즉, 생존과 번식과 작용 등을 위한 힘을 발생한다.(수수작용)

2. 수수작용의 구체적인 예

하나님은 자체 내에 영존하는 이성(二性)·성상(性相)〈본 양성본, 음성, 본성상, 본 형상〉이 만유원력에 의하여 상대기준을 이루어 영원한 수수작용을 하므로 영원하신 존재기대를 이루시고 영존(永存)하시게 된다.

또한 피조세계를 창조하시기 위한 모든 힘은 발휘하게 된다. 피조물(被造物)은 자체(自體)를 이루고 있는 이성(二性)성상이 만유원력에 의해 상대기준을 이루고 수수작용을 하면 개체의 상대기대, 존재기대가 이루어진다. 비로소 그 개성(個性)체는 하나님의 대상(對象)으로 서고 스스로가 존재하기 위한 모든 힘도 발휘(發揮)하게 된다.

예) 원자(양자와 전자의 수수작용)의 융합작용.
분자(양·음 2 이온이 수수작용)의 화학작용.
전기 (양전과 음전의 수수작용)으로 전기 발생 전기 작용.
식물{도관(導管) 사관(篩管)의 수수작용}으로 기능유지.
(수술 암술의 수수작용)으로 번식작용.
동물 (수컷과 암컷의 수수작용) 번식하고 종(種)의 발전.
공생관계 산소와 탄산가스의 교환, 벌과 꽃의 관계
천체(天體)—태양과 혹성의 수수작용으로 태양계가 존재.
지구와 달도 상호 수수작용으로 일정한 궤도 유지 공전과 자전의 운동을 계속한다.
인간—육체는 동맥정맥, 호흡작용, 교감신경, 부교감신경 등의 수수작용으로 생을 유지.
개성체는 몸과 마음이 수수작용 함으로서 목적을 달성한다.
인간의 번식(남자와 여자가 수수작용)하므로 씨족, 종족이 생성된다.
가정—남편과 아내가 수수작용.
사회—인간과 인간이 수수작용.
국가—정부와 백성이 수수작용.

세계는 국가와 국가가 수수작용하면서 공존하고 있다.

동서고금(古今)의 삶의 현장에는 기기 오묘한 사연·사건으로 점철(點綴) 되어있음을 잘 알고 있을 것이다. 개인의 사소한 일에서 나라를 좌지우지(左之右之) 하는 사건들, 국제 간의 사소한 분쟁이 포화(砲火)가 오가는 전쟁으로 수 백 명 크게는 수 천만 명의 인명을 앗아간 그런 일들이 잘 주고 잘 받지 못한데 기인(基因)되어 있었다. 인류 역사상의 온갖 문제도 여기에 있다.

우리의 이웃에도 비일비재하다. 부부간의 싸움, 부모와 자녀 지간의 다툼, 결혼을 매스컴으로 나라가 떠들썩하게 올린 연예인 커플이 1년도 안되어 합의 이혼 조정 중이란다. 더 가엾은 것은 신혼여행 다녀오는 비행기 안에서 대화(對話)를 하다가 홧김에 이혼하는 예도 적지 않다. 한 마디로 수수법은 행·불행의 원인자라 할 것이다.

3. 원리의 수수 법을 체득(體得)하여야!

하나님의 창조의 뜻(심정)을 체휼(體恤)함이 우선해야 한다.

원리로 지음 받은 인간〈원리(原理)로 작동되는 인체구조 작용〉은 창조의 목적을 숙지(熟知)하고 잘 성장하여 지으신 창조주의 뜻을 알고 실천하여 하나님의 성품을 닮아야 한다. 신성(神性)을 완성(닮음)하기 위(爲)해서는 하나님의 창조(創造)위업(爲業)에 가담하여 하나하나 깨달아야 가능하다.(수수작용)

장성하였다고 해서 부모의 재산을 상속받은 것이 아니고 철이 들었을 때에 한다. 부모님의 근심·걱정, 조상으로 내려오는 위업 등 쏙 빼어 닮았다고 하는 경지(境地)말이다. 만사(萬事)를 맡길 수 있는 그런 자리, 맘 놓고 눈을 감을 수 있는 자리 말이다.

공덕을 두텁게 쌓으면 잘 보이고 잘 들리고 먼저 상대방이 알아차린다. 이쯤 되면 나를 완연하게 알고 상대물(物)도 알고, 제(諸) 사물의 원리 이치도 알게 되어 백발백중이란 자리에 선다.

한마디로 개성완성, 신통(神通)한 자리를 말한다. 예수님과 성현의 자리라 말할 수 있겠다.

4. 수수법이 잘 안 지켜지는 이유(理由)

나는 우선 어떤 존재인가? 사람은 자각(自覺) 자이긴 하다. 그러나 자존(自存) 자 내지는 완전(完全) 자가 아니다. 다시 말하면 불완전한 타락인간인 것이다.

나도 나를 잘 모르고 낳아주신 부모님도 나를 잘 모른다. 나나 우리 각자를 천지에 완전히 아는 자가 없다는 것이다. 수 천 년 전 어느 철인이 물었던 물음이 아직도 해결이 안 되었다.

1) 나도 상대도 모르기 때문이다. 주는 주체가 얼마나 어떻게 주어야 하나?

2) 주고 또 주고 또 주면 돌아온다는 것이 정(定)해진 이치인줄

알지만 한계를 모르니 줄 수가 없다.

3) 예외가 있는 줄 착각(錯覺)도…. 세상에는 공(功)을 드리지 않고도 척척 풀리고 잘 사는 이가 있다. 부모도 선하였고 나도 남을 해(害)한 적 없는 것 같은데 안 되는 일 천지다.

4) 받을 이가 무엇을 원하는지 즉 과분(過分)욕(慾)으로 준다면 작용이 안 일어난다.

5) 인간의 조상 아담과 하와의 타락이후 완전·절대 선의 주체이신 사랑의 하나님과 수수작용이 끊어지고 타락하여 영육(靈肉)적으로 무지(無知)에 떨어졌기 때문에 다시 오시는 메시아에 의해 구원, 즉 복귀되어야 창조 본성을 회복할 수 있다. 이때에야 완전한 수수작용을 할 수 있다.

필자가 경험한 예(例)로 보아 잘 주고 잘 받아 고맙다고 하고 칭찬 듣기가 여간 어렵지 않았다. 받는 분도 감당(勘當) 못할 것은 접수하지 않을 수 있다. 공덕을 지어 쌓으면 그 나무가 자라 온갖 짐승들이 깃들 것이다. 만나서 바라만 보아도 싫지가 않고 자꾸 좋아지는 사람이 인기(人氣)인(人)으로, 받은 것 하나 없는데 자꾸 주고 싶은 사람이다. 참 인력으로 안 되는 어떤 힘도 있다.

그동안 나는 무엇을 먹고 살았나 하고 생각을 깊이 하여보니 가깝게는 어머니, 아버지, 조 부모님께서 쌓아 놓은 공덕을 좋아라 먹고 산 녀석이었다. 나의 자식은 어떻게 살 것인가? 무슨 일이라도 하고 싶은 모양인데 공력을 별로 쌓은 것은 없다. 자력(自力)

으로 헤쳐 나갈 수 있을까?

제일 좋기로는 내 일하고 월급 받아 살듯이 영적으로도 내 공덕 쌓아서 내 먹고 남는 것 남기며 근실(勤實)하게 살았으면 좋겠다.

80년대 말에 트레이닝 센터에서 강연을 할 때, 나는 열심히 또박또박 언어 구사를 하였는데 수련생들 중에 몇 사람이 잘 못 알아듣고 자꾸 질문하여 그날 밤 늦게 기도를 드렸다.

전달(傳達)이 안 된다. 송수신이 장애가 있다는 것인데…….

결론은 달빛이 온 산하(山河)를 덮어 내리 듯이 비춰지지 않는데 문제가 있다고 생각이 들어 1주일간 특별히 기도를 드려 공력(功力)을 키웠던 적이 있다.

5. 수수법으로 하나님과 예수님과 일체가 되면 잘 살 수 있다.

요 3:16 요 14:20 마 5:38 등의 말씀은 길이요 진리이신 예수님을 통해 하나님과 믿음으로 일체가 되고 하나님처럼 완전(完全)하라는 말씀이다. 하나가 되는 화합(unity和合) 말이다. 주고받음의 궁극의 목표는 하나 되는데 있다고 할 수 있다. 하나님의 능력을 받고 주님의 인도하심이면 만사는 형통(亨通)이 된다. 원리로 창조 되어진 인간 만물이기 때문에 수수법의 도를 잘 지켜서 완성을 이루자. 그리고 준 것은 바로 잊어버려라/ 받은 것은 꼭 더 해서 갚아라/ 무상(無賞)·보시(報施)하라는 말씀도 있다.(대가를 바라지 않는 베품) 항시 유념할 점은 도(道)의 길을 가는 사람은 도인다워야 한다. 크리스천이라면 찬송과 기도, 성경은 읽어야하고, 원리인 이라면 원리와 성경을 필독하고 묵상(默想)하여야 한다. 무(無)원리(原理)권(圈)은 사탄편이라는 점을 기억하며 진력(眞力)을 다하자. 수수(授受)법(法)은 천인만사(天人萬事) 형통(亨通)법이다.

예화는 많으나 이상 줄인다.

나의 설교 1

먼저 된 자의 책임 노정(路程)(눅:9:11~17)

1. 먼저 된 자- 12제자들

예수님과 제자들이 한번은 어느 마을로 가고 있는데 무리가 그것을 알고 그들을 따라 나섰다. 예수께서는 그 무리들을 맞이하셔서 하나님 나라를 말씀하여 주시고 병 고침을 받아야 할 사람들을 고쳐 주셨는데, 무려 5,000명이 좇아왔다. 유대 랍비들 보다 훨씬 더 권위있는 가르침을 주신다고 소문이 났기에 그들은 빈들에서도 행복하였다. 수십 년 고질병도 치료해 주었는데도 무리들은 떠날 줄 모르고 있었다.

(눅 9:12) 반면 예수님의 제자들은 어떠했는가? 걱정이 태산(泰山)인 마음이었다. 날이 저물기 시작하자 12제자들은 주님께 다

가와 말씀드렸다. 무리들을 헤쳐 보내어 주위의 마을과 농가로 찾아가서 잠자리도 구하고 먹을 것도 구하게 하시지요. 우리가 있는 여기는 빈 들입니다. 5000명이나 되는 군중을 마을로 내려보내 먹을 것을 해결하고 오라고 한다? 이건 그냥 집으로 돌아갔다가 다른 날 다시 오라는 말 아닌가? 그 수많은 무리가 한번 이동했다가 다시 돌아오려면 그날 저녁 예수님 집회는 취소해야 할 것이다. 12 제자들의 심중(心中)은 그러했다. 자기들은 이미 예수로부터 많은 가르침도 받았고 언제든지 곁에 계시기에 아쉬울 것이 없었던 것이다.

무리들 보다 먼저 복락(福樂)을 누리던 자들이었고 그 기쁨이 얼마나 큰지도 알고 있다. 자기들 보다 늦게 누리는 무리들을 배려하고 자애(慈愛)할 마음이 아예 없었다. 예수님은 제자들의 속마음을 훤히 꿰뚫어 보고 계셨다.

(눅 9:13) 예수님은 제자들의 제의에 이렇게 대답을 하셨다. "너희가 그들에게 먹을 것을 주어라."

50년대 초 초창기 시대를 살아오면서, 숱한 열혈 심령들이 세대문 집, 청파동 언덕을 올라왔었다. 그리고 가까운 지근(至近)에서 직접 개인 지도를 받고 속 깊은 심정을 교류하여 완성 경지에 오르며 오늘날까지 주초(柱礎)와 기둥 역을 다한 증인들이 많다.

이 분들이 먼저 된 자들이요 다음으로 바톤을 계승 받을 후대의 무리들이 있는 것이다.

2. 먼저 된 자 (아벨)은 부모의 심정이 없었다?

12제자 등 성경에서 먼저 된 자들, 맨 먼저 받은 복 있는 사람들은 나중 된 자들을 당연히 돌보아야 하지 않을까?

예수님은 나중 된 자들에게 더 많은 것을 주고 싶어 하셨다. 스승의 마음을 모를 리 없었을 텐데…. 제자들이 먼저 나서서 먹을 것을 구하러 갔어야 하지 않았을까?

이어서 제자들은 답하였습니다.

"우리에게는 빵 5개와 물고기 2마리 밖에 없습니다.(오병이어: 五餠二魚) 우리가 나가서 이 모든 사람이 다 먹을 수 있을 만큼 먹을 것을 사지 않으면 안되겠습니다." 궁색한 변명이며 가난한 스승을 비참하게 하는 처사이며 행위가 아닐 수 없다. 정말로 돈이 문제란 말인가?

신앙과 종교의 본질을 논하여 보자.

생명의 진리 말씀으로 구세주를 찾아 믿고 화합함으로 자아를 찾아 계발, 완성을 이루는 것과 밖으로는 이웃사회에 홍익(弘益)하고 만사를 형통하여 진리의 세계를 구현하는데 그 본질이 있다 하겠다. 나면서 앉은뱅이에게 너의 자리를 들고 가라. 눈 먼 맹인을 실로암으로 보내 세상을 보게 하신이요. 죽은 나사로를 살리신 주님. 갈릴리 바다에서 물위를 걸으시던 주님. 그물을 던져라. 그물이 찢어질 정도의 능력을 주신 주님이시다. 은혜와 기쁨이 넘쳐나는 감격의 현장에서 마음을 바꿔 먹고 그들에게 십시일반

돈을 모금한다면 기쁘게 동참 하지 않았을까? 열두제자와 시중 드는 사람들이 적지 않은 수고를 했다면 하늘의 은사는 분명 소나기처럼 내렸을 것이다. 그냥 수고가 싫었나 보다. 예수와 함께 하는 복락을 나중 온 자들을 위해 기꺼이 내줄 마음이 없었던 것이다.

심정교회에 부자(父子)가 교회를 다녔는데 하루는 어린 3~4살 아들이 아이스크림을 사달래서 사주니 고마운 줄 모르는 철부지라 맛있게 기분 좋게 먹고 있었다. 마지막 두세번 베어 먹을 만큼 남았을 때 “현종아 아버지 한 입 주면 아빠가 너무너무 고맙겠는데“ 하니 아들이 “그래요 아빠 한 입 줄게요” 했다. 한 입 베어 먹으며 아들이 돈을 벌어 아이스크림 사준 마냥 “이 녀석이 고맙게도 철이 들었구나” 생각할 것이다. 아들은 “10번이나 베어 먹다 한번 주었는데 아빠는 왜 고맙다 하는 것이지?” 하며 부자 둘이 모두 행복해 했단다.

제자들의 입장은 철이 나지 않은 모습 즉 ‘아빠가 사준 아이스크림은 모두 내것이니까 내가 다 먹을 거야!’ 주님의 마음은 썩 기쁠 수가 없었다.

3. 오병이어의 기적(奇蹟)(눅 9:16~17)

그리하여 주님께서는 하는 수 없이 오병이어의 기적을 베풀었다. 예수께서 빵 다섯 개와 물고기 두 마리를 손에 들고, 하늘을 우러러 쳐다보시고 그것들을 축복하신 다음에, 떼어서 제자들에게 주시고 무리 앞에 놓게 하셨다. 그들은 모두 배불리 먹었다. 그리고 남은 부스러기를 주워 모으니 열두 광주리나 되었다. 이 무리들이 만찬 후에 얼마나 큰 하늘의 은혜를 체험했을지 미루어 상상이 간다.

4. 부모의 심정으로 노블레스 오블리제 (Noblesse-Oblige)실천

아벨은 중심 인물이며 지도자, 선배의 자리이다. 의무와 책임이 막중하다. 솔선수범하여야 하고 희생으로 배려와 사랑을 베푸는 자리이다.

내게 좋은 것은 남도 나누어 누리게 하고, 물려받았다고 자기 성장도 되지 않으면서 계속 붙잡고 있지 말고 내려놓을 줄 알아야 한다. 오히려 남을 희생시키면서까지 고집(아집)으로 앉아 있으면 역행함이다. 영국 왕실이 존엄을 지키며 국민으로부터 사랑을 받는 이유를 잘 알아야 한다. 고귀한 왕자들이 앞장서서 군대를 갔다. 찰스 왕자는 해군 장교로 복무했고 앤드류 왕자는 포클랜드 전쟁 때 공군 조종사로 근무했다. 그리고 영국 명문 사학 이튼 칼리지 출신들을 보라! 그들 명문 가문의 자식들은 그 누가 시키지도 않았지만 자진하여 1차 세계대전에 5,619명이 참전 1,157명이 전사하였고. 2차 세계대전 때는 4,690명이 참전하여 748명이 전사하였다.

베트남 호치민 총통 기념관엔 지금도 국민들의 존경과 흠모의 참배가 끊이질 않는다. 평생 동안 반찬을 세가지 이상을 먹지 않았단다.

한국동란 때엔 중국 마오쩌둥(모택동)의 큰 아들 마오 안 잉 참전, 미 8군 사령관 밴 프리트의 아들은 폭격기 조종사로 참전, 드와이트 아이젠하워 대통령 차남 존 아이젠하워도 한국전에 참전하였다. 이렇게 귀하디 귀한 명문 가문이 죽음의 자리를 먼저 찾아 솔선수범의 본을 보이니 존경은 자연히 따를 수밖에 없다.

필자가 81년 협회에 왔을 때 마침 선배님 가정의 자녀들이 대학입학을 하고 있을 때였다. 나도 자식을 기르는 사람(5~6세 아동)으로서 관심있게 관찰을 하였다. 나름 생각으로는 종교학(신학)을 공부하려는 많은 2세가 있을 거라고 생각하였으나, 수 십 명중 1명인가만 관련 학과를 지망한 정도였다.

누적 통계는 내보지 않았다. 오늘날 2세의 선배 격에 있는 사람중에서 宗代요, 뿌리라 하는 분야에서 일하는 이가 드물다. 2~3대 내려오는 통일가도에도 존경하는 마음이 우러나는 노블레스 오블리제가 많이 나타나기를 고대하는 바이다. 매스컴에 보면 2년 정도의 병역을 면피하려는 부모의 빗나간 과욕이 결과는 더 삐뚤어져, 아무데도 쓸모없는 자식 나무를 보며 한탄한다.

서구 문명사에서 흑인 노예제는 내 살길에 방해가 된다고 인디

언 원주민을 학살하고 생명의 존엄성을 훼손한 미국 개척사는 실로 하나님을 슬프게한 행위였다. 지금 누리는 낙원은 누군가의 피와 땀의 눈물 토대위에 세워진 자리임을 생생히 인식하여야 한다. 그래서 잘 가르쳐야 한다.

2~3대 내려가 보라! 진위(眞僞)는 드러나게 되어있다. 그리고 자족(自足:Self-sufficiency)신앙을 가지자.

흔히 상대적 빈곤으로 고뇌를 하는데 자기 양심과 냉철한 자아의 소리를 듣자. Y 교회나 N 교회를 짝퉁처럼 따라서 안위를 받아서는 안 된다. "자식이나, 나의 행위는 꼭 뒤를 따라서, 다름 아닌 나의 거울로 돌아온다."는데 다들 동의를 할 것이다.

나의 설교 2

주님의 이적기사는 어떻게 내리시는가?

(막 5:25~34) 성서 신약에서 이적기사를 행하신 예수님의 행적을 오늘날 많은 신학자들이 체험하고자 하는데 어떻게 능력을 행사하시는지 알아보자.

1) 이적기사의 기사(事件)들

(1) (막 1:21~28) 가버나움 회당의 귀신 들린 자를 고치다.

(2) (막 1:29~34) 시몬 장모의 열병을 고치다. 베드로 장모의 손을 잡아 일으키시니 열병이 떠나고 여자가 수종들었다.

(3) (막 1:40~45) 문둥병자를 고치다. 한 문둥병자가 예수께 와

서 꿇어 엎드리어 간구하여 가로되 원하시면 저를 깨끗케 하실 수 있나이다. 예수께서 민망히 여기사 손을 내밀어 저에게 대시며 가라사대 내가 원하노니 깨끗함을 받으라 하시매 곧 문둥병이 그 사람에게서 떠나가고 깨끗해 진지라.

(4) (막 2:3~5) 중풍병자 고치다. 한 중풍병자를 네 사람이 메고 와서 무리들 때문에 예수께로 나아 갈 수 없으므로 지붕으로 가서 뚫고 누워있는 상을 천장에서 달아내리니 예수께서 저희의 믿음을 보시고 중풍병자에게 이르시되 소자야 네 죄 사함을 받았느니라.

(5) (막 5:25~34) 열두 해 혈루증 여인을 고치다. 야이로(Jairus) 회당장 딸을 보러 가는 도중 무리들 틈새에서 예수의 옷깃에 손을 스치자마자 혈루의 근원 곧 마르매 나은 줄 깨달았는데 예수께서 그 능력이 자기에게서 나간 줄 알고 무리들을 돌아보며 말씀하시되 누가 내 옷에 손을 대었느냐 하시니 제자들은 두리번하며 무슨 말이지 모르고 있는데 예수께서 이일을 행한 여자를 보려고 둘러보시니, (33절) 여자가 제게 이루어진 일을 알고 두려워하여 떨며 와서 그 앞에 엎드려 모든 사실을 여짜온데 (34절) 예수께서 가라사대 딸아! 네 믿음이 너를 구원하였으니 평안히 가라. 네 병에서 놓여 건강할찌어다.

(6) (막 5:35~43) 야이로 회당장 집에 도착하기 전 집에서 온 이들이 당신의 딸이 죽었다 하니 야이로가 절망할 때 곁에서 소리를 들으시고 (36절) 회당장에게 이르시되 두려워 말고 믿기만 하

라 도착하여 베드로 야고보, 요한 (야고보형제)외에 아무도 따라 옴을 허치 아니하시고, 통곡하는 집안 식구들에게 어찌하여 훤화하며 우느냐!

이 아이가 죽은 것이 아니고 잔다! 하시니 저희가 비웃더라. 예수께서 저희를 다 내어 보내신 후에 아이의 부모와 자기와 함께 한 자들을 데리고 아이 있는 곳에 들어가사 예수께서 아이의 손을 잡고 가라사대 "달리다굼" 하시니라

번역하면 "곧 소녀야 내가 네게 말하노니 일어나라" 하심이라. (42절) 소녀가 곧 일어나서 걸으니 나이 12살이라 사람들이 곧 크게 놀라고 놀라거늘 (43절) 예수께서 이 일을 아무도 알지 못하게 하라고 저희를 많이 경계하시고, 이에 소녀에게 먹을 것을 주라 하시니라.

이렇게 36가지의 크고 작은 이적 기사가 있으나 생략하고 어떻게 하나님의 은총이 예수님을 통하여 나타났는가를 살펴보자.

2) 하나님의 능력으로 병 고친 K 목사의 사연(事緣)

"목사님, 김 형제가 암에 걸려 지금 죽어 가고 있습니다."

전주에서 급하게 식구로부터 전화가 왔다. 병원에 전화하여 보니 주치의가 2~3일 넘기기 어려울 것 같다고 한다. 잠시 기도하며 묵상을 하는 데 내가 김 형제를 만나러 가야겠다는 생각이 들었다. 두 시간 여 기차 타고, 뛰다시피 달려 병원에 당도하여 병

실 문을 열고 들어갔다. 병실 안은 죽음의 그림자로 가득 차있었다. 형제의 어머니와 온 가족들 모두 눈물만 흘리고 있었다.

형제는 죽었는지 살았는지 인기척도 없고 희망이라고는 눈곱만치도 없었다. 가족들 마음에는 이미 형제가 죽었다고 포기하고 있었다. 내가 병실에 들어갈 때 그를 낫게 할 약이나 병을 치료할 수 있는 돈을 가지고 간 것도 아니었다. 오직 예수님 한 분만 모시고 갔다. 실제로 육신을 가진 예수님이 여기 오셨으면 무슨 일이 일어났을까를 생각해 보았다.

"예수님이 여기 오셨다면 말씀도 전하시고 이런 저런 많은 일도 하셨겠지만 무엇보다 지금 병들어 죽어 가는 사람을 못 본체 하셨을까? 아니 틀림없이 살리고 가셨을거야!"

그때! 내 안에 계신 예수님이 형제를 살리실 수 있겠다는 믿음을 주셨다. "마음을 바꿔서" 무엇보다, 암으로 죽어가고 있는 형제의 마음을 예수님과 연결시켜 주는 것이 중요했다.

예수님의 능력으로 산다는 마음을 갖게 되면 예수님의 마음과 연결된다. 그러면 그때부터 하나님이 그 형제 속에서 일을 하시는 것이다.

"내 안에 예수님이 살아 계시는데 내 죄를 사하신 주님이 여기 계시는데 예수님은 죽어가는 사람도 살리시는데, 김 형제가 죽어가는데 예수님은 살릴 수 있다. 분명 살리시고 말 것이다. 그럼 내가 무엇을 해야지? 말씀을 전해야겠다." 마음에 확 뜨거운 불덩어리가 전신으로 소용돌이 쳤다.

“김 형제!!” 하고 고함을 질렀다.

“일어나 봐!, 눈 좀 떠봐!”

“네?! 목사님!”

“의사는 김 형제가 이삼일 안에 죽는대! 내 말 들어봐. 예수님은 중풍 병자도, 열두 해 혈루증 걸린 사람도 살리셨어! 알고 있지? 그렇지? 온전하게 했어. 예수님은 못하시는 일이 하나도 없는데, 그 예수님이 형제 병도 고치시길 원해. 그런데 중요한 것은 형제가 의사 말 듣고 ‘내가 죽겠구나. 편하게 죽자’ 라는 마음을 바꿔야 돼. ‘예수님이 내 병을 고치시겠구나.’ 하는 마음을 가지면 예수님과 한마음이 되는거야. 그때부터 예수님이 형제의 마음에 살아서 능력으로 일하시는 거야. 알겠지!!”

30분 동안 성경을 펴서 말씀을 전했다.

“확실히 믿어져?!”

“네 목사님!!”

예수님의 마음이 들어간 김 형제의 얼굴이 밝아졌다. 혈색이 붉게 살아나고 있었다. 그리고 나는 두 손을 꼭 쥐고 땀 흘려 기도를 드리고 김 형제 병실을 나왔다. 그리고 나서 나는 열심히 다른 일에 몰두하고 있는데 10일 정도 지난 어느 날 김 형제의 전화가 왔다.

“목사님! 암 검사를 했는데 제 몸에 암 세포가 하나도 없대요. 완치 되었대요. 저 오늘 퇴원 합니다. 아멘!”

3) 예수님의 이적기사는 어떻게 내리실까?

- 너의 믿음이 너를 낫게 하였다.
- 너의 믿음이 너를 구원하였다.
- 내가 원하노니 깨끗함을 받으라.
- 주위 사람들의 정성을 보시고 낫게 하시다.
- 예수님의 치료력(治癒力)과 병자의 믿음이 교통할 때 낫는다.
- 죄를 뉘우쳐 회개하였을 때 치유된다.
- 예수님과 한 마음이 되면 능력이 나온다.
- 내 마음에 예수님이 살아 계시면 역사가 이루어진다.
- 하나님의 영광을 나타내실 때에 나타난다.

이적기사(異蹟奇事)는 나의 믿음의 징표와 예수님의 긍휼(하나님의 은총)이 교류할 때에 일어나는 아름다운 사건이다.

하나님의 창조 목적과 예수님의 구원 섭리의 뜻 성사는 절대 예정이시므로 섭리 역사를 통하여 기필코 이루어 나오셨다. 그리고 인간을 섭리의 중심인물로 찾아 세워 쓰심도, 예정권에서 하나님의 능력과, 인간의 책임분담이 합하여 성사가 됨이 원리의 뜻이다. 믿음생활의 실제에서 시련과 은사를 자주 경험하는데 앞서 나온 질병 치유나 난관의 해결들은 중요한 신앙의 한 계기를 준다. 내가 만난 여러 식구들 중에 형형색색의 은혜로운 생활을 하는 사람이 있다.

2~3일 생존 할 수 있다는 경우, 12년 혈루병 등 고질적인 질병

과, 현대과학의 판단에서 나온 질병이 믿음이란 정신적 힘으로 10일 만에 완치된다. 신앙의 위대성을 더 강조할 필요를 느끼지 못한다. 문제는 하나님(주님)을 진심으로 믿고 원리적인 바른 생활을 영위한다면 크고 작은 질병들은 치료될 것이고, 건강한 영과 육의 조화체로서 개성의 완성과 일가(一家)를 이룰 것을 알고 믿고 있다.

나의 설교 3

심정(心情)의 체휼(體諭) 미완성이 문제

(창 2:17, 창 6: 9/9:20) 사람과 사람의 관계는 물질적인 관계, 생활적(육체적인 면)인 관계, 마음과의 관계 즉 심정적인 관계로 볼 수 있다. 주제에 따라서 마음적인 분야에서 보자. 마음하면 믿음신앙 지정의(知情意), 윤리, 의무, 사랑 등 형이상학(形而上學)적인 전 분야를 말한다. 그리고 관계는 언어를 도구로 사용하여 뜻과 목적이 교류하여 의도한 바의 목적을 달성하고 가치를 실현한다.

1. 인간 (아, 해)의 타락은 천사장의 유혹으로 인(因)하였나?

"(창 2:17) 선악을 알게 하는 나무의 실과는 따먹지 말라. 네가 먹는 날에는 정녕 죽으리라." 이 말씀을 상고하여 보면, 아담과 해와는 말씀을 듣고 알고는 있었으나, 뜻을 알지는 못하였다는 것을 알 수 있다. 아버지 하나님의 의중, 나아가 심정을 깨달았다면 뱀의 유혹을 물리칠 뿐 아니라 주관성을 발휘하여 뱀으로 변할 수 없게 천사장을 주관하였다고 본다. 아담이 삶과 죽음의 意味(의미)를 원리적으로 신앙생활에서 체득(體得) 체휼하였다면 말이다.

말이 통한다 할 때, 이 말은 의사가 통한다는 뜻이다. 하나님의 심정을 체휼하지 못한 것이 타락의 제1원인이라고 나는 생각한다. 우리 생활에서 지시나 하달을 하였으나, 결과는 엉뚱하게 벌어지는 일이 다반사(茶飯事)인 것이 바로 전달 과정의 의사소통이 안 된 탓이다. 어느 날 식사 중에 아버지가 "오는 5월 5일 12시 관악산 연주대로 오너라." 하였다면, 결과는 어떠할까? 여러 아들 중에 오는 아들, 다른 데 가느라 못 온 아들, 아예 무관심으로 기억조차 잊어버린 아들, 유념은 하였으나 피치 못할 사정이 있어 못 간다고 죄송하다고 하는 아들이 있을 수 있다. 이럴 때 아버지의 마음은 어떠하실까? 어떤 말씀을 주실까? 왜 불렀을까? 평소 무거운, 존경스러운 아버지였다면 좀 다를까?

'왜? 무엇 때문에?'를 밝히지 않았다고 해도 그렇다. 문제점은 상호 신뢰의 문제이다. 아담과 해와는 하나님을 절대 신뢰하지 않았다고 볼 수밖에 없다. 그리고 말씀의 진심을 깨닫지 못한 것이 타락의 제일 원인이다.

2. 심정의 인계 (부자일체)

창세기 6장 9절 이하를 보면 노아는 당대 의인이었다.

하나님의 부름 따라 노아는 120년 동안 방주를 아랏산 정(頂)상에 3층으로 아주 크게 건조하고 하나님의 말씀대로 홍수 심판으로 악인을 심판하였다. 방주에 들어간 노아 가족과 만물 쌍쌍이만 살았다. 40일 홍수심판, 3차 비둘기 섭리, 물이 빠지고 배에서 나와 노아는 포도원 농사를 짓고 어느 날 포도주를 많이 마셔서 나체로 자고 있었다. 창세기 23장 29절에 세 아들 셈, 함, 야벳 중에 가나안의 아비 함 차자가 주동이 되어 벗고 주무시는 아버지를 보고 부끄러워하며 셈, 야벳과 옷을 취하여 덮어드렸다. 노아가 술이 깨어 그 작은 아들이 자기에게 행한 일을 알고 가로되 "가나안은 저주를 받아 그 형제의 종들의 종이 되기를 원하노라. 그리고 셈과 야벳은 창대케 되리라" 그 후 노아는 350년을 더 살았고 950세에 죽었더라.

3. 함을 저주

원리의 전 후편에서 언급한 내용으로 차자는 아벨로서 부모의 자리에 있는 중심이다. 하나님의 홍수 심판으로 아담의 타락 이전 상태를 회복한 직후이다. 이때는 나체로 살고 있어도 부끄러워 안했던 타락 전 아담과 해와의 입장이었다.

4. 노아의 실수인가?

아니다. 섭리를 탕감 복귀하는 노정으로 넘어 가야할 하나의 고비였다.

5. 자녀들의 입장

세상이 천지개벽을 하였어도 노아 일가족이 구사일생으로 살아났다. 누구의 은공인가? 오로지 아버지 노아의 피, 눈물, 땀을 흘린 대가(代價)이다. 모든 일을 보았음에도 함께 비아냥거렸을 자식들이다. 그러나 생명을 구하였고 누리며 잘 사는 덕은 오로지 노아의 특별한 신앙과 위대한 생활 때문이다. 오늘날 부모 자식 지간에도 부모님의 공을 깨닫기는 철이 든 자식이나 가능한 일이다.

현재 축복의 의미는 무엇인가!

은사와 아주 작은 가치의 조건을 바치고, 영원무궁한 하늘의 자녀라는 입장을 은사로 받아 원죄의 청산과 이상 가정의 축복을 받아 살아가는 우리들이다. 마치 에덴동산의 타락 전(前) 아담 해와의 입장이다. 죄가 없으니 두려움이 없고, 순진(純眞) 무구(無

垢)한 하나님의 자녀로서 언제나 동행 동락을 하던 때라는 것이다. 더더욱 부끄러움, 악의 그림자, 슬픔이 있을 수 없다.

'항상 왜! 어이해서' 하면서 상황을 주체자의 입장에서 상대의 입장에서 숙고(熟考)하여야 한다.

6. 노아의 인격과 심정을 깨달았어야 했다.

비근한 예로 친구가 나체로 자고 있을 때, 형이나 동생이 술에 취해 자고 있을 때, 아버지가 술에 취해 나체로 잘 때 '꼭 부끄러워해야 하나?' 그냥 대수롭지 않게 넘길 수도 있다.

둔하고 미련하여 무관심이 아니고, 아버지의 입장에서 생각해 보아야 했었다. 왜 그런 적이 없던 노아 아버지가 예고 없이 특별한 행위를 하시나? 형제가 먼저 보고 경거망동할 때 오히려 함은 제지하고 무슨 뜻이 있음을 연상할 수는 없었는가? 사려(思慮)가 조금이라도 있었다면 충분한 사건이라고 본다.

퍼부은 저주의 강도(强度)가 극적이다. 형제의 종이 아니고, 형제의 종의 종이 되리라 하였다.

결론적으로 함은 타락한 후손임을 자증(自證)하였다.

하나님과 노아의 120년 공로가 한순간 무너져 버린 행위이며 그 공적(功績)을 이어 받을 중심인물이 스스로 타락하는 행위와 같았다.

결론적으로 1대(代)가 창성(創成) 하고 나라를 건국(建國)한들

2대 자식의 타고난 재질(才質)이 역부족(力不足)이거나 자중지란(自中之亂)으로 허물어져 버린다면 얼마나 애달플 것인가!

사후(死後)에 눈을 제대로 감지 못할 것이다. 복귀섭리 사(史)에서 누누하게 보여 왔다. 섭리의 완성은 하나님의 책임과 인간의 책임이 합해져야 완성이 되고, 중심인물 아벨적 존재와 가인적 인물의 역할이 절대적으로 수수작용이 되어야 한다. 아담이 하나님 아버지의 심정을 체휼하지 못함이 타락의 제일 원인이었다. 당대 의인으로 준비된 노아를 세워 아담 가정을 탕감 복귀하려던 섭리도, 어떠하였는가?

그 무시무시한 홍수 40일 심판으로 세상을 다 진멸하면서 이루려 하였던 아담 이후 1600년간 준비한 그 터전이 함의 일상적인 무의식(無意識) 신앙으로 깨어지고 다시 연장(延長)되게 되었다.

우리의 인생(人生) 실제(實際)도 노후(老後)에 복이 있다느니 자식 복(福)이 있다느니 하는 것이 모두 다 여일(如一Constancy)한 맥락(脈絡)이다.

선생님의 말씀과 질문

선생님과의 첫번째는 1967년 가을 충남 지구본부를 원동 남선 기계 옆으로 이전(移轉)하고 9월경으로 기억하는데 양위분, 협회 간부님들이 순회차 오셔서 집회를 하시고 주무시고 가셨다.

그날 저녁은 밤새 경호하는 순번이어서 밤을 꼬박 새웠다. 새벽 4~5시 경이 되었는데 침실문 앞에서 인기척이 나더니 선생님이 나오시어 마주 대하게 되어 인사를 드렸다. 한참을 보시며

"불침번을 서고 있구나."

"예!"

그때 나는 20세 청년으로 처음 뵈었다. 기침(起寢)은 한참 전에 하셨는지 벌써 와이셔츠에 넥타이를 매셔서 희미한 새벽이었지만 신선(神仙) 같이 느껴졌다. 옷깃이 스칠 만큼 코 앞에서였다.

두 번째는 경주에서 목회하고 있을 때, 가정부장님의 전화를 받

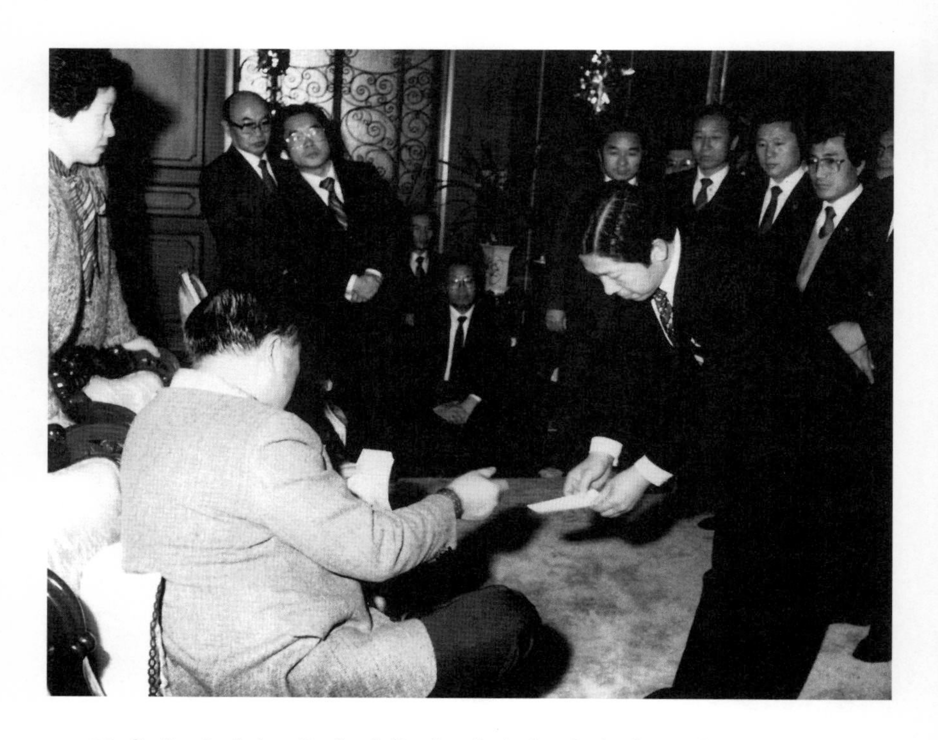

고 급하게 상경을 하니 약혼자 매칭이 시작되고 있는 전 본부 교회당으로 들어갔다. 목회자라서 맨 앞자리에 앉아서 전후좌우를 살펴보았다. 남자 50여 명 여자 45명 정도가 수련을 받으며 시작되는데 오후 4시경이 되었을 때 선생님이 나오셔서 만남을 주선하여 주셨다. 약혼 수련은 5일 정도였고 만남 주선은 넷째 날부터 하는데 나는 중간 날에 참여하였다. 그리고 화동과 분위기 진작을 위하여 남·여 후보자들의 노래를 해보라 하셨다.

나는 누군가 추천을 받고 '오늘도 걷는다만은 정처 없는 이발길(나그네 설음)' 하며 옛 노래를 했는데 하필 이 노래 말고는 다른 레파토리가 없었다. 100명 들어가는 강당이 떠나가라고 불렀다.

그때 선생님은 언제나 처럼 주변상황을 눈을 슬쩍 뜨시고 예의

주시하며 후보자들의 심기를 읽으신다. 보통 우리는 노래 들으며 노래가사나 가수에 관심을 갖는게 일반적인데 선생님은 종합적이고 입체적으로 관찰하신다. 그리고 언제인가 내가 수련회 끝나는 화동회 시간에 18번으로 애창하는 현인의 '아~신라의 밤이여'를 부른 적도 있다.

이윽고 나를 먼저 불러서 선생님 앞에 앉았다. 작은 상이 두 개가 펴있고 그 위에 앨범이 4권 정도 있는데 분류가 되어 있는지 여자 후보 앨범을 열고 나를 보시다가 "어떤 사람을 해줄까? " 물어보셨다.

그래서 나는 "예! 저는 전체(全體)목적(目的)과 개체목적에 합당한 아가씨를 만나게 해주십시오." 하고 말씀 드렸다.

"으응~" 하시며 앨범 책을 한 장 두장 세장 죽 훑어보듯 더 넘기시며 나의 얼굴을 쳐다 보신다. 한 몇 분이나 지났을때 페이지를 고정하시고는 나를 쳐다보시며 말씀하셨다.

"이 아가씨 만나보거라."

"예 감사합니다."

앨범에 비친 하얀 얼굴만 기억에 어린다.

세번째는 1972년도 하계 청평 수련원에서 교역자 수련 중의 대화인데 앞서 언급하였기에 생략한다.

네번째는 1972년 9월 초 어느 날 대전교회 겸 교구 본부가 증축

및 신축 준공 행사 때 선생님께서 식구 집회에 참석하고 나는 특별하게 김성일 교구장님께서 말씀하셔서 침례교회에서 개종하여 전도된 집사·권사들을 부모님께 소개를 할 기회가 있었다.

8명 황윤모, 조순심, 은경희, 주순희, 김영자, 박기준 집사 등을 1층 귀빈실에 일렬로 서서 "차려! 경배"를 한 다음 전도 활동 방법을 소상하게 보고 드렸다. 선생님께서 "잘 들었다 잘 왔다" 하시며 유심히 쳐다보고 만면의 미소를 띄셨다. 이어서 어머님께서는 여 집사들을 보시면서 "앞으로 열심히 그리고 어려운 시련이 닥치더라도 잘 참아 축복을 받아요"하고 격려해 주셨다.

나는 "앞으로 더 큰 실적으로 원리의 위대성과 하늘의 영광을 드러내겠습니다." 말씀드리고 물러 나왔다.

다섯번째는 전북교구장 재임시절 전주 방문을 하셨던 내용은 앞서 언급하였기에 생략한다.

여섯번째는 1986년 11월 777회장 임원단 방문을 하셨을 때이다. 가정 중앙회 임원들을 대동하고 한남동 공관을 미리 예약하고 방문하였다. 저택에 우리 일행이 도착하여 현관안에 들어서니 마침 아버님께서 기다리시는지 소파에 앉아계셨다. 먼저 경배를 드리고 잠시 기도를 드렸다.

나는 8대 임원들을 하나하나 소개를 하고 가정회 전반을 상세히 보고 드렸다. 보고드리는 가운데 사이사이 하문을 하셔서 답변을 드리며 가정들의 생활모습과 모범적 활동도 자랑하였다. 5시가 넘어가니 부모님께서는 저녁을 함께 하자고 하셔서 같이 식사를 함께 하였다.

우리 임원들은 난생 처음있는 일이라서 놀라워 하였다. 그럴 것이 가까이 대면할 기회가 없기 때문이며 다시 기회가 올 수 없기도 한 일이었다.

만찬이 차려지자 아버님께서 "나 회장이 기도하지!" 하셔서 3분여 기도를 하였다. "철부지 자식 위한 부모님의 희생을 생각하면 저희들 절로 눈물이 납니다." 기도를 마쳤다. 한참 진지를 드시다가 노래 한곡을 또 나에게 해보라고 하셔서 나는 "비목(榧木)" 을 불러드리고 나니 "노래를 잘하는 구만!"하셨다. 좋아하시는 모습을 보고 나는 용기내어 "부모님 양위분을 저희 임원들이 정식으로 호텔에서 모시고 싶습니다." 말씀드리니 빙그레 웃으시었다.

일곱번째는 중앙수련소장 재직시절에 일화이다. 영빈관에서 당시 수련소 현황과 수련 시스템 등 자세한 내용으로 보고드렸던 생각이 난다.

조금 여유 있는 시간이 생겨 궁금한 것을 여쭤보았다.

"선생님, 약혼 수련 중 상대를 찾아 주실 때 말입니다. 남자와 여자가 서있는 가운데로 걸어가시면서 "너, 너, 너, 너" 하며 호명을 하고 가시지 않습니까? 그러면 많은 인파속에서 선택받은 당사자들도 언뜻 자신의 상대가 누군지 모르고 우물쭈물하고 있기가 태반입니다. 그럴때면 다시 돌아오셔서 "너, 너 왜 아직 그러고 있어? 만나보라니까!" 하시지 않습니까? 그런데 어떻게 또다시 알아보시고 지적을 하시는지? 참 궁금합니다."하고 여쭈었다.

한동안 미소를 띄우시며 천천히 말씀을 하셨다.

"그래 얼굴이 다 다르지 척 보면 얼굴형(型) 가다(日)가 비슷하게 닮은 얼굴들이 보이는데 다시 봐도 그대로 보인다." 하셨다.

상보성(相補性:complementarity)·상사성(相似性:analogy)? 그 후(後)로 나는 얼굴 형, 체신 타입을 관심(關心)을 갖고 심고(審考)하게 되었다. 그리고 나는 '영안(靈眼)이 열려 게시기 때문에 영적으로 빛이 나니까 상(相)을 보시는 구나' 생각하게 되었다. 20여년이 지나 터득한 것인데 형(型)은 닮았으나 내면의 성격은 대치적이란 점인데 이는 '살아가면서 맞추면 더한 이상(理想)은 없겠구나' 생각하였고 '나하고는 성격 차이가 커서'하며 서로 닮으려는 노력을 하지 않으면 '부부생활이 순탄치가 않겠구나' 하는

생각을 했다. 그리고 중요한 나름의 터득인데 인물이 출현하는 경우는 독특한 상이(相異) 인자(因子)가 교합(交合)하여야 한다는 점이다.

여덟번째는 1990년 10월 교역자연수를 미국으로 갔었다. 서울에서 미 알래스카주 앵커러지로 다시 2시간 비행기 타고 코디악시(市) 수련소에서 낚시 해양 연수를 1주일간 받았다.

중간에 모시고 인사소개와 노래를 부르는 시간이 있었다. 나는 가곡 한곡 부르고 나서 "예수님은 당시, 베드로 등 제자들과 갈릴리해변(호수)에서 만남과 낚시 연수를 하셨는데 우리 부모님은 태평양 바다(북태평양)에서 제자 연수를 하시는구나." 생각이 되었다. 그 위대한 기적(Miracle)과 경륜을 몸소 체험하여서 큰 감동이 지금도 생생하다.

연수의 첫날은 10여 명이 넘게 타도 괜찮다고 하시며 안전하게 제작하였다는 배를 타고 수련소에서 북쪽으로 1~2 시간을 쾌속 질주를 하여 도착한 바다에 정박한 후 서서 3시간 낚시하고 준비해 가져간 도시락을 먹었다. 그와 곁들여 갓 잡은 광어로 회를 떠서 같이 먹었다. 지금 생각해 봐도 셋이 먹다 둘이 아니라 다 죽어도 모를 맛이었다. 처음 먹어 보니 그 맛의 진정한 의미는 잘 모르겠으나 푸른 바다와 높은 창공 아래 신선(神仙)의 뱃놀이었다.

또 다른날은 7~80명이 합선하여 북태평양 가운데로 나온듯한데 아마 한국으로 생각하면 동해와 일본해의 북쪽 쯤 되리라 생각된다.

부딪칠 듯 갈매기가 뱃전을 나르고 검푸른 파도가 일렁이는 선상에서 온 종일 5~6시간을 100m 내려가는 낚싯대로 낚시를 하니 40세에 인생의 큰 경험담을 만들었다. 그때 80여명 중 몇몇은 배멀미를 한다고 야단이었는데 나와 진수철 형은 전혀 한 번도 머리나 가슴 어디에도 증상이 없어 신기하다고 생각하였다. 조금 큰 보트였지만 앞으로 질주하면 뱃전으로 물보라가 앉아 있는 우리들 머리 위로 넘어서 후미 바다로 날라 떨어지는 마치 물 폭풍

치는 선상이었으며 거대한 바다를 질주하는데 가슴을 졸였다.

나는 충청도 금산이라 바다라고는 피서여행 때나 해수욕하는데 바다가 그렇게 무서웠다. 그래도 멀미는 1주일 내내 한번도 하지 않고 마쳤다. 기적 같은 일이다 떠나오면서 부모님은 한 달 동안 미국 일주를 건강하게 하고 많이 배우고 오라고 당부를 해 주셨다. 그리고 나는 멤버 1명의 비자문제를 처리해 주시기를 부탁드리고 새벽에 코디악 비행장으로 와서 다시 앵커러지 공항을 거쳐 본토 선교 여행을 했으며 끝에는 하와이로 3일간 관광과 해수욕을 즐겼다. 뱀이 없는 하와이 원주민이 많이 사는 섬나라를 보고 김포공항으로 돌아왔다.

부록

그대와 함께하면

심원 조봉제

일상(日常)생활에서
나 그대와 함께하면
푸른 하늘 향(向)해
곧게 크는
일송정 형제(兄弟) 되자 했다.

맑고 푸른 기운(氣運) 모아
어개동무 같이 하고서.
인류(人類)향한 기상(氣象) 길러
외치고 뛰면서
오대양 육대주 건너보자 했다.

참사랑으로 뜨거운 가슴, 가슴
그대와 함께하면
인류(人類)구원(救援) 큰일도
무섭지도 않고서

아침 햇살 내리는 광야
구령(口令) 맞춰 함께 뛰었네.

세월 흘러 노년(老年) 되어
자손(子孫) 영화(榮華) 보고 사니
그때의 눈물 기도
꽃피고 열매 매 젓네.
인류영화 향(向)한 꿈!
무럭무럭 커서
쉬지 않고 함께 펼쳐 나아가자 하네.

효제(孝齊) 선생
출간을 축하하며
2020. 5. 8.

友巨志(우거지)

익산 서정원

나이가 들면 미남미녀(美男美女)도 세월 따라 우거지가 된다.

우거지(友巨志) 아무나 되는 것 아니니다.

살아서 병마(病魔) 설한풍(雪寒風)과 싸우고 이겨야

웅지(雄志)를 품은 인물이 되는 것.

신노심불노(身老心不老) 란 말이 있다.

육신은 늙어도 마음은 늙지 않는다는 말.

우거지들이여.

멋진 얼굴 우거지 되었다고 서러워 마라.

우거지가 되었다고 맛과 영양까지 없어지는가?

우거지에 배려와 사랑을 듬뿍 넣어 푹 끓이자.

우거지의 꽃 고상하지 않던가. 멋진 우거지들이여!

우거지도 젊었을 땐 얼마나 푸르고 싱싱했던가?

나영호 선배님이 젊었을 때에는 협회에서 총무국장, 전북교구장, 협회 중앙수련소장을 역임한 아주 유능하시고, 특히 승공안보분야에서 김인철, 최용석 이사장 표창패를 2회나 수상하신 실력이 출중(出衆)한 분이셨다.

제가 선배님을 만난 것은 전북에서 완주교역장을 하고 있을 때였다. 첫 번째 느낀 소감은 밀짚모자만 쓰면, 아주 수더분한 시골 아저씨 마음씨 좋은 형님 같은 분이셨다. 얼굴은 마음의 표상이라 했던가!! 인상처럼 항시 겸손하고, 잘났다고 앞에 나서지 않고, 덕을 쌓으면서 사는 멋진 선배님이셨다.

1991년 환고향이라는 섭리가 있었을 때 신앙심 좋았던 많은 동료 목자들도 그럴 수는 없다면서 심우(心憂)하였지만, 백의종군(白衣從軍)하는 심정으로 40대에 독야청청(獨也靑靑) 한 평짜리 화원(花園)을 하면서 가정을 돌보며 내공(內功)을 다지며 사셨다. 집안에 교사, 교수, 의사(醫師)가 나왔고, 자손들은 4 남매, 9손 자녀가 멋지게 성장하고 있다. 선배님 또한 영양가 높은 우거지가 되셔서 회고록을 내는 선배님이 되었다고 봅니다.

이제 나영호 선배님은 신망애(信望愛) 덕(德)을 회고록에 담아 많은 사람들에게 펼쳤습니다. 삶의 활력소가 될 회고록을 보고 또 보겠습니다. 많은 사람들이 감명을 받았으면 하는 일심(一心)으로 찬미시(讚美詩)를 써 올립니다.

2018. 6. 20

小白山 雪(소백산 설)

자시

아직도 먼 산
소백의 중턱부터 백 설 이었던
아름다운 추억
은하수 사이로 반짝이고 있어라.

아랑 아랑아지랑이처럼 피어오르는
마음이 부자였던
꿈 많던 그 시절
싱그러움으로 넘쳐났어라

그 시절은 청년(青年)이었네
항시 푸르럼으로
당당히 흘러 갈 줄 알았건만
아니 벌써 칠할 백발(七割 白髮)이구려

심향(心鄕) 영주의 큰 산

소백 산　 설(雪)

입춘이 지났어도 봄, 여름 가을이 지나도

하얀 눈 녹지 않고 추억(追憶)속으로

흘러만 가네

2018. 입춘 날

1974년도 경주교회

내가 꼽은 명연설

명연설을 몇 편 소개하며 연습 겸 복습의 계기로 삼고자 한다. 世紀(세기)의 명연설이지만 시대상황, 자아인식과 처해있는 인사들의 입장, 그리고 청중의 처지를 잘 이해하여야 감동의 격정(激情)이 최고조(最高潮)에 다다를 것이다.

여기에 수록한 명연설은 그동안 필자가 웅변이나 강연을 연습하기전에 필독하고 외웠던 내용들을 담아놓았다. 이 글을 나의 자식들과 주변의 지인들에게 소개하고자 한다.

에이브러햄 링컨의 게티즈버그 연설

여든하고도 일곱해 전 우리의 선조들은 자유 속에 잉태된 나라 모든 사람은 평등하다는 믿음에 바쳐진 새나라를 이 대륙에 낳았습니다. 우리 살아남은 이에게 남겨진 일은 오히려 이곳에서 싸운 이들이 오래도록 고결하게 추진해온 끝나지 않은 일에 헌신하는 것입니다. 그것은 그분들의 죽음이 헛되지 않도록 하고 신의 가호아래 이 땅에 새로운 자유를 탄생시키며 "국민을 위한, 국민에 의한, 국민의 정부"가 지구상에서 사라지지 않도록 하는 것입니다.

1863.11.19 펜실베이니아 주
게티즈버그 국립묘지 봉헌식에서

패트릭 헨리의 나에게 자유가 아니면 죽음을 달라!!

하원의장과 의원 여러분 !

나는 내가 생각하는 바를 그대로 솔직하게 말하겠습니다.

우리들이 지금 토론하고 있는 문제는 "자유를 얻느냐? 노예가 되느냐?" 둘 중에 하나입니다. 우리들은 언론의 자유를 통해서만 비로소 진실에 도달할 수 있고 하느님과 조국에 대해 우리들의 사명을 다할 수 있는 것입니다. 만일 이렇게 위급한 시기에 남의 감정을 해치지나 않을까 염려하여 침묵만 지킨다면 민족에 대한 반역자가 되고 국가에 대해 불충(不忠)이 될 것입니다. (중략)

우리가 우유부단과 무위무책으로 힘을 한곳에 집중 시킬 수 있겠습니까? 만일 하느님께서 주신 정의의 힘을 적절하게 사용한다면 우리 미국은 결코 약하다고 할 수 없습니다.

자유의 거룩한 정신으로 무장한 300만의 동포가 합심하여 무기를 들고 무장을 하고 총궐기 한다면 저 밀어 닥치는 영국군도 두려울 것이 없습니다.

1775.3.28 독립전쟁 당시 독립운동가로서 버지니아
주 대표자회의 즉 하원에서 행한 연설

윈스턴 처칠 수상의 연설

never, never, never give up

"포기하지 말자. 포기하지 말자. 절대 포기하지 말자."

1874~1965, 독일 히틀러와 전쟁 중 영국의 전세는 매우 불리했다. 유럽대륙 나라들이 무릎을 꿇었고, 영국은 외로운 투쟁할 때였다. 처칠에게 나라 안팎에서 히틀러에게 무릎을 꿇으라는 압력이 빗발쳤다. 그때마다 처칠은 "싸우다 지면 다시 일어 날수 있지만 스스로 무릎을 꿇는 나라는 역사에서 사라지게 된다."

국민들의 패배의식이 퍼져 나가고 있을 때 옥스퍼드 대학 졸업

식에서 축사를 하게 되었는데 역사상 가장 짧고 길이 남는 위대한 연설을 하였다. 우레 같은 박수갈채가 쏟아졌다. 그 후 전 국민이 힘을 합하여 히틀러를 무너뜨리고 승리(勝利)하였다.

브루투스
나는 시저보다 로마를 더 사랑한다.

시저가 로마 국민 위에 군림하여 황제가 되려는 야망을 품고 있었기 때문에 나는 눈물을 흘리며 그를 죽여야 했습니다.

나의 사랑하는 로마 시민 여러분! 잠시 동안 조용히 나의 말을 들어주시기 바랍니다. 나의 인격을 믿고 나의 명예를 생각하여 이 브루투스의 말을 의심하지 마십시오. 여러분은 냉정하고도 사려 깊게 내 말의 옳고 그름을 판단하여 주시기 바랍니다. 여러분 중에 만약 시저를 사랑하는 분이 계신다면 나는 그에게 이 브루투스의 시저에 대한 사랑이 결코 여러분에게 뒤지지 않는다는 사실을 말씀드리고 싶습니다. 이와 같이 말씀드리면 여러분은 그렇다면 무슨 까닭으로 시저를 죽였느냐고 질책하실 것입니다. 나는 시저를 사랑하는 마음이 모자라서가 아닙니다.

"나는 시저 보다는 전체 로마 국민들을 더 사랑했기 때문에 시저를 죽였습니다. 이것이 나의 대답입니다 여러분은 시저가 살아있음으로써 인해서 로마 사람들이 노예가 되는 것을 원하십니까?

시저의 죽음으로써 로마 사람들이 자유의 인민이 되는 것을 원하십니까? 나는 시저가 나를 사랑했기 때문에 그를 위하여 눈물을 흘리는 것입니다. 시저가 용감하고 지혜로웠기 때문에 나는 그를 존경합니다. 그러나 시저가 로마 국민위에 군림하여 황제가 되려는 야망을 품고 있었기 때문에 나는 눈물을 흘리며 그를 죽여야 했습니다. 야심에 대해서는 죽음이 있을 따름입니다. 또한 이것이 나의 대답입니다."

로마의 시저는 가다

만약 이 유서(遺書)를 여러분이 들으신다면 반드시 슬픔과 기쁨의 갈피를 잡지 못한 채 시저의 시체를 껴안고 칼 맞은 상처에 입을 맞추실 것입니다.

나의 사랑하는 로마 시민 여러분!

옛 말에 좋은 일은 문 밖으로 나가지 않으나 좋지 않은 일은 천리를 달린다는 말이 있는 것과 같이 좋지 않은 일은 죽은 뒤에도 길이 세상에 남는 것이지만, 좋은 일은 때때로 지하 오척(五尺)의 시신과 함께 매몰되고 또 알려지지 않는 수가 많습니다.

저돌적이고 교활한 브루투스는 시저가 '야망을 품고 있는 사람이다.'라고 말하였습니다. 그렇다면 그런 야망 때문에 시저가 상상할 수도 없는 최후를 마쳤다는 것은 너무도 통탄스럽고 비참하지 않습니까?

여러분! 시저장군은 나의 절친한 친구입니다. 그는 다른 사람에게는 몰라도, 나에게 대해서는 무슨 일이든 믿지 않는 일이 없었고 또 의리를 저버린 적이 없었습니다. 그런데 어찌 알았겠습니까? 브루투스의 말에 의하면 '시저는 야망을 품고 있는 사람' 이라는 것입니다. 여러분도 잘 아시는 바와 같이 브루투스는 약삭빠른 사람입니다.

그런데 시저는 어떠했습니까? 세계의 도처에서 적을 정벌할 때마다, 포로로 잡은 노예들을 막대한 상금과 교환하여 한 푼도 사사로이 쓰지 않고 모두 국가에 바쳤습니다. (중략)

여러분 여기에 시저장군이 직접 쓴, 로마 시민들에게 드리는 유서가 있습니다. 나는 이것을 그가 언제나 가지고 다니는 손가방 속에서 발견하였습니다.

그러면 여러분 시저의 유서를 낭독하겠습니다. 바라건대 시저의 유해를 중심으로 둥글게 서주십시오,

유서의 내용은 ….

모든 로마 시민들 한 사람당 일금 75라크마를 드린다. 그리고 나의 소유인 타이파 강가에 있는 정원과 별장, 그 외 새로 만든 정원과 별장을 모두 여러분들에게 양도하여 자자손손이 즐기는 장소로 삼게 하라. 그리고 그밖에 나의 모든 재산은 국가의 재산으로 귀속한다.

이세기의 영웅 시저장군은 이제 영원히 가고 없습니다. 로마 제국이여 당신은 또 다시 어느 때에 이러한 영웅(英雄)을 맞이할 수

있을 것입니까? 나는 시저장군을 위해 항상 기도할 것입니다.

안토니우스 기원전 3세기

인내와 예측성

인내는 무조건 오래오래 진부하게 참는다는 뜻이 아니고 가치가 있는 감래(甘來)를 한다는 의미이다. 예측성은 미래를 내다보고 한 수 한 수 찾아 준비하여 가는 수행이다.

스피노자의 "내일 지구가 멸망해도 나는 오늘 한그루의 사과나무를 심겠다."라는 말이 있다. 인내와 예측성으로 한마디 한다면

1. 절대 지구는 망하지 않는다.
2. 정신을 놓지 않고 어떤 상황에서도 변치않고 예비하겠다는 뜻
3. 만사는 하나에서부터 시작하고 지금 시작한다는 뜻이

있다고 생각한다.

스피노자는 '신에 취한 철학자'라고 괴테는 말했고 들뢰즈는 '철학자들의 그리스도'라고 말했다. 이처럼 스피노자의 철학적 사색은 아주 심오한 사고라고 본다. 인내와 예측은 인생의 지름길이다. 아쉬운 것은 이 문장이 정말 Spinoga Baruch의 말인지는 진위가 명확하지 않다고 한다.

저자

저자(著者)후기(後記)

오랜기간 자다 말고 일어나 무슨 시대적 사명이라도 타고 난양 줄줄이 쓰다가 다시 몇 일을 놓아 두었다가 그렇게 지낸지 수(數) 십번. 결국은 시작한지 3년 만에 분명 끝이 있다는 사실을 알게 되었습니다.

그동안 긴 삶은 아니었으나 70여 년의 성상이 지나가는 쯤에 단문으로 요약해 본다면 '**나는 행복의 가정을 만드는 농부였다.**'라고 단언하고 싶습니다. 추수를 모두 끝낸 뒤 내 자리로 돌아와 추위와 칼바람을 막아줄 가정이라는 울타리를 다시 꾸리고 내마음 속의 회환(回還)을 보며 새 꿈을 꾸어 봅니다.

독자 제현(諸賢)께서 난해(難解)한 문장은 아니지만 울퉁불퉁한 졸필(拙筆)을 독서하시느라 수고를 감사하며 죄송(罪悚)하옵기가 그지(endless)없습니다.

이 책은 친지나 성인(成人)을 위한 글로 집필하지 아니하였기 때문에 다소 생소하게 느껴지실 수 있습니다. 이 책은 다음과 같은 의도로 집필하였습니다.

1. 자(子)·후손을 위한 학습 의도(意圖) (한자학습 약 3,000자, 영/단어 숙지 약 70,000 단어 뜻풀이)로 집필(執筆)하

였습니다.

2. 독서는 강의를 위한 전제(前提)로 하였고 청년 때부터 요약하여 집필에 구사(驅使) 하였습니다.
3. 오십(五十)여년 전에는 회고록을 쓸 생각을 안했기 때문에 서생(鼠生)의 머릿속에 쌓아 놓았던 메모와 적어 놓았던 지식을 단 시일에 기록하다보니 출처가 미진한 부분이 많습니다.

나의 삶을 위하여 나 아닌 주위분들의 애호와 애정에 감사드립니다. 그 중에서도 가깝게는 아내입니다. 눈에 모두 넣어도 하나도 안아플 자손 16명을 건사하고 애정을 쏟아준 정성, 백골이 진토 되어도 갚을 길 없을 듯 합니다.

졸필을 가다듬고 멋진 열매를 만들어 주신 국학자료원 정찬용 원장님과 임직원 여러분께 그간 4천여 종의 출판 노하우(Know-how)로 편집 전반의 심혈을 기울여 주심을 감사드립니다.

그리고 추천의 글을 쓰기 위해 졸고를 읽어주시고 격려와 용기까지 북돋아 주신 선생님들에게 진심으로 감사드립니다.

하늘 부모님께 바칩니다.

一片丹心

나영호

戊子年, 금산 生
우송대학교 (전신) 농학과 졸업.
선문대학교 (전신) 목회학 전공.

경력
충남지구 전도·학생부장, 충남·경북경찰국 승공안보강사, 경북교구 수련소장, 경주시군, 영주시군지부장교역장 ·향목(鄕牧), 제50사 정신 훈화 교관, 내무부위촉 민방위대 교관, 영주 노인대학 개설 학장.
협회 총무부장, 全羅北道敎區長, 전주노인대학장 역임. 자유중국, 일본 순방
協會 中央修鍊所·院長, 37가정 8대 中央회장, 忠牧會 회장.
미국 동·서부 일주, 구라파, 동남아, 중동 중국4차 여행.
나주나문 중앙종친회 사무총장·회지 편집인.
국학자료원 상임고문.

수상
참부모님 표창, 협회장 상 다수.
국제승공연합 이사장 표창패(2회:김인철·최용석),
내무장관 표창, 경북도지사 표창, 충남·경북 경찰청장 표창, 대한노인회 표창(영주), 감사장 20회 수상.
서예, 해서부문 韓國書家協會 입선, 특선 등 20여회 수상.

행복한 가정의 사랑이야기

목회의 길을 묻다

초판 1쇄 인쇄일 | 2020년 4월 28일
초판 1쇄 발행일 | 2020년 5월 8일

지은이 | 나영호
펴낸이 | 한선희
편집/디자인 | 우정민 우민지
마케팅 | 정찬용 최재희
영업관리 | 정진이
책임편집 | 정구형
인쇄처 | 으뜸사
펴낸곳 | 국학자료원 새미(주)
등록일 2005 03 15 제25100200500000008호
경기도 고양시 일산동구 중앙로 1261번길 79 하이베라스 405호
Tel 02 442 4623 Fax 02 6499 3082
www.kookhak.co.kr
kookhak2001@hanmail.net

ISBN | 979-11-90476-36-2 *03200
가격 | 27,000원

* 이 도서의 국립중앙도서관 출판예정도서목록(CIP2020013576)은 서지정보유통지원시스템 홈페이지(http://seoji.nl.go.kr)와 국가자료공동목록시스템(http://www.nl.go.kr/kolisnet)에서 이용하실 수 있습니다.